HISTORY,
LIFE AND CULTURE
SINCE 1945

현대 카리브의 삶과 문화

THE CONTEMPORARY CARIBBEAN

Olwyn M. Blouet 지음
신정환 · 문남권 · 하상섭 옮김

한국외국어대학교 출판부

역 자 서 문

카리브 세계는 세계적으로 유행하고 있는 라틴음악의 본고장이다. 살사, 메렝세, 레게의 땅이고 밥 말리와 리키 마르틴의 고향이다. 헤밍웨이에게 노벨문학상을 안겨준 『노인과 바다』의 배경이 될 뿐만 아니라 2명의 노벨상 작가를 배출한 문학의 고장이다. 피델 카스트로와 체게바라의 땅인가 하면 새미 소사와 알렉스 로드리게스를 비롯한 메이저 리거들의 고향이기도 하다. 그러나 무엇보다 푸른 바다에 하얀 돛대의 요트가 유람하는 카리브는 낭만과 휴식의 땅으로 전 세계인들을 유혹하는 동경의 낙원이다.

그러나 정작 우리는 카리브에 대해 무엇을 알고 있을까? 크리스토퍼 콜럼버스의 항해 이래 카리브는 유럽과 아메리카를 잇는 대서양의 관문이었고 기나긴 수탈과 억압을 목격한 근대성의 증인이었다. 이곳에서 비로소 온전한 세계사가 태동하였으나 나와 다름을 인정치 못하는 타자성의 가름도 시작되었다. 그러나 원주민들이 멸절당한 이 비극의 땅에서 역설적이게도 풍요로운 혼종성의 문화가 탄생했고 열린 삶이 터를 잡아 세계 문화의 결을 다채롭게 하고 있다.

이 책은 춤과 노래 그리고 스포츠의 카리브뿐만 아니라 그 세계의 삶과 문화 그리고 역사를 생생하게 보여주는 명저이다. 세계적인 카리브 전문가인 저자는 먼저 역사적인 맥락에서 카리브 국가들을 살펴본 다음, 제2차 세계대전 이후 이 지역의 환경, 인구, 정치, 경제 및 문화적 변화를 쉽게 풀어낸다. 서로 비슷하면서도 상이한 역사와 문화 그리고 자연 환경을 가지고 있는 카리브 국가들은 세계화 체제 속에서 개방 경제를 추구하면서 동시에 미국으로부터 독립성을 유지하기 위해 고심하고 있다. 경제발전, 정치안정 그리고 사회통합의 이슈로 고민하면서도 독창적이고 생기 넘치는 문화와 국민정서를 간직하고 있는 카리브 문화는 실로 인류공동체의 귀중한 자산이라 할 수 있다.

이 책은 막연한 동경심의 대상이던 카리브를 보다 가깝게 느낄 수 있게 해 주는 국내 최초의 입문서가 될 것이다. 이 소중한 책이 빛을 보게 도움을 주신 한국국제교류재단과 한-중미 · 카리브경제인협회에 깊은 감사를 드린다.

2008년 3월

역자 대표 신정환

서 문

이 책은 다음의 세 가지 목적으로 집필되었다. 첫 번째는 역사적인 문맥에서 카리브 국가들을 개괄적으로 살펴보고; 두 번째는 1945년 제2차 세계대전 이후 지역 국가들의 환경, 인구, 정치, 경제, 문화적 변화들을 통찰하며; 세 번째는 현대 카리브국가들이 직면하고 있는 다양한 형태의 반사회 통합요소들을 그들의 21세기 도전과 응전의 역사로 인식, 그 주요 문제점들과 특징들을 살펴보는 데 있다.

다양한 식민 역사, 언어, 그리고 문화적 차이에도 불구하고, 오늘날 카리브 국가들은 유사 자연 환경과 역사 발전의 특징 등을 공유하며, 동시에 경제발전과 정치안정 그리고 사회적 결속을 둘러싼 비슷한 문제점들을 고민하고 있다. 개방 경제 형태의 소국들은 현재 급속하게 진행되고 있는 세계화 과정에 심각한 취약성을 노출하고 있으며, 지리적으로 근접한 미국의 압력과 영향으로부터 지역적 독립성을 유지하기 위해 상당한 고심을 하고 있다. 하지만 대다수 카리브 국가 국민들은 이런 우려할만한 대외 현상들에 탄력적으로 잘 적응하고 있는 것도 사실이다. 활력과 활기를 띤 독창적이고 생기 넘치는 국민 정서와 이를 아우르는 독특한 카리브 문화는 이를 증명하고 있으며 동시에 대서양 공동체의 귀중한 자산으로 평가받고 있다.

차 례

역 자 서 문 | 3
서 문 | 5

동시대 카리브 국가로의 향해 | 9
01 카리브 지역 ······ 9

제1장 지리적 배경과 환경 | 18
01 허리케인(Hurricanes) ······ 18
02 지진과 화산 ······ 22
03 홍수와 산사태 ······ 24
04 자연 재해에 대한 동시대적 반응 ······ 24
05 기후와 조망 ······ 25
06 지속 가능 발전 ······ 30
07 환경 대조: 아이티와 도미니카공화국 ······ 31

제2장 1945년 이전 역사 | 35
01 이전 역사 ······ 35
02 17세기 ······ 41
03 18세기 ······ 44
제당과 노예 44
전쟁 46
04 19세기 ······ 51
05 제1차 세계대전과 대공황 ······ 57
쿠바, 도미니카공화국 그리고 아이티 58
영국, 프랑스 그리고 네덜란드 식민지들 61
06 제2차 세계대전(1939~1945) ······ 65

제3장 1945년 이후 카리브의 대외관계 | 67

01 제2차 세계대전의 영향 69
02 쿠바혁명과 냉전 71
03 앵글로 카리브지역의 탈식민지와 독립 78
04 냉전 이후 80

제4장 제2차 세계대전 이후의 정치 | 86

01 서인도 연방(West Indies Federation:1958~1962) 87
02 영국령 카리브의 독립 90
03 자메이카 94
04 그레나다 95
05 트리니다드 토바고 97
06 바베이도스 98
07 아이티 99
08 도미니카공화국 100
09 쿠바 102
10 푸에르토리코 103

제5장 경 제 | 106

01 1차 산업 107

농업 107

임업 110

어업 111

광업 111

02 2차 산업 112
03 3차 서비스 산업 116

관광 117

오프쇼어 서비스 120

마약 121

송금 121

04 무역과 경제통합 121

05 쿠바 사례: 사회주의 경제 ········ 123

제6장 사람과 사회 | 125

01 도시화 ········ 128
02 이주 ········ 130
03 다양성 ········ 134
04 보건 ········ 137
05 여성 ········ 138

제7장 문 화 | 141

01 음악 ········ 142
02 문학 ········ 145
영어권 카리브 145
프랑스어권 카리브 149
스페인어권 카리브 150
03 종교 ········ 152
04 스포츠 ········ 154
크리켓 154
야구 158
올림픽 160
음식 162

제8장 21세기의 문제점과 전망 | 166

참고문헌 | 174
참고도표 | 182
추가 참고문헌 | 186
저자의 감사의 말 | 194
저작권에 대한 감사의 글 | 197
찾아보기 | 198

동시대 카리브 국가로의 향해

동시대 카리브 국가들의 혼합된 역사와 문화는 끊임없이 진화하고 있다. 부유한 유럽인들과 북미인들에게 카리브 국가들은 열대의 해변과 따뜻한 일몰을 제공하는 여행 목적지로서 자리 잡은 지 오래되었다. 여행 가이드들은 태양, 모래 그리고 스포츠를 테마로 한 파라다이스 이미지의 카리브 프로젝트를 상품으로 팔고 있는 반면, 수많은 카리브인들은 일자리와 교육 그리고 경제적 기회를 찾아 미국, 캐나다 그리고 유럽으로 떠나고 있다.

다양하고 때로는 대조적인 카리브 지역 국가들은 경제력, 교육, 글로벌 기술에서 심각한 격차를 노출한다. 부자와 가난한 자, 실업자와 비실업자, 그리고 문맹자와 비문맹자간의 격차는 크다. 해안을 따라 화려한 복장의 관광객들이 요트를 즐기는 광경과 빈민촌과 황폐한 슬럼 지역이 함께 공존하고 있으며, Dole사와 같은 많은 다국적 기업들이 전 세계 시장으로 설탕과 바나나를 공급하고 있다. 반면에 이 지역의 가난한 소농들은 1, 2에이커의 땅에서 생계용 작물을 재배하고 있다. 세계화와 정보화 시대는 이 지역에서 지역성, 전통적 삶의 방식 그리고 빈곤의 문제들에 직면해 있다.

01 카리브 지역

카리브 지역은 앤틸리스 열도 또는 서인도 제도라고도 부른다. 카리브 'Caribbean'라는 용어는 15세기 말 스페인 점령이전 시기에 이 지역에서 살고 있었던 원주민 공동체인 'Caribs'족에서 유래되었다. '앤틸리스'는 대서양에 있다고 믿어진 상상의 섬, 'Antilia'에서 유래되었으며 오늘날 프랑스 및 네덜란드인들에 의해서 자주 사용되고 있는 용어이다. '서인도 제도(the West Indies)'라는 명칭은 대부분 앵글로 카리브인(Anglo - Caribbean)들이 사용하는 이름으로, 콜럼버스가 이 지역에 도착한 후 아시아나 '인도(the Indies)'에 도착했다고 믿었던 그의 지리학적 실수에서 나온 어원을 오늘날 그대로 쓰고 있다.

'카리브'를 어떻게 정의할 수 있을까? 제도들은 이 지역 중심부에 있다. 그러나 주변 지역들도 카리브 해안 및 유산한 역사 문화적 특징을 공유한다. 최근에는 카리브의 정의를 확대하는 경향이 있어왔다. 지리학자 가리 엘보우(Gary Elbow)는 '핵심(core)' 카리브 국가들을 대앤틸리스와 소앤틸리스로 구분한다. 그리고 '이웃국(fringe zone)'은 바하마, 벨리즈(중미) 그리고 가이아나(남미)가 포함된다. 한편 엘보우는 콜롬비아, 베네수엘라, 멕시코 남부 그리고 중미 국가들의 카리브 해안 지역을 주변국(periphery)개념으로 정의한다.[1)] 다른 학자들은 미국 플로리다 남부를 카리브 문화 영역으로 포함시켜 지리적 정의를 시도하는데, 특히 마이애미는 이 지역의 수도로 여겨지고 있을 정도이고, '마이애미 헤럴드(Miami Herald)'는 이 지역을 대표하는 저널의 하나로 인식되고 있기도 하다. 이와 더불어 카리브 섬 국가들에 대한 일반 조사 및 개관에서 그동안 이 지역에 대한 관심은 섬 국가들만이 갖는 특수한 역사, 환경 그리고 다양한 정체성 연구가 가미되어 이루어져 왔다. 이들 섬 국가들은 다양한 유럽 국가들 - 스페인, 네덜란드, 영국 그리고 프랑스를 포함하여 - 에 의한 식민 역사를 공유하고 있고, 인구가 집중된 지역을 중심으로 노예화된 아프리카 노동력을 통한 사탕수수 플랜테이션 농업을 발전시켜왔다. 오랜 시기를 거쳐 초기의 원주민 영향력은 점점 약해지고 동시에 대서양 무역의 시작과 함께 아프리카 전통이 강하게 남아있는 공통점을 가지고 있다. 기한부 도제 계약서에 서명하고 들어 온 19세기의 아시아로부터 노동 유입은 이 지역의 인종과 문화, 그리고 종교적 다양성을 증가시키는 계기가 되었다. 다른 언어, 문화 그리고 인종들이 함께 존재하고 있는 다문화 중심 사회가 일찍부터 형성되어 왔다고 볼 수 있다. 또한 전략적으로도 이 지역은 대서양 무역의 주요 거점으로 그리고 미국의 인보를 위해서도 중요한 지형적 역할을 해 오고 있다.

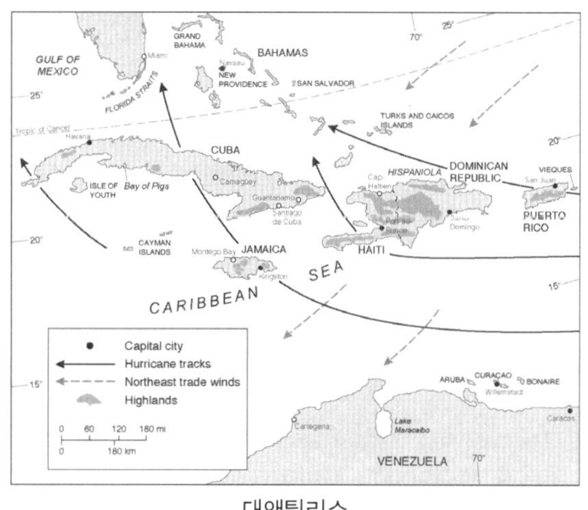

대앤틸리스

지도상으로 북부의 바하마로부터 남부의 트리니다드 섬까지 장장 2,000마일로 뻗어있는 이 지역은 일반적으로 4개의 그룹으로 분리 구분된다.[2)] 대앤틸리스(the Greater Antilles)는 상대적으로 커다란 섬 국가들, 예를 들어 쿠바, 히스파니올라, 푸에르토리코, 그리고 자메이카를 포함한다. 아이티와 도미니카공화국은 히스파니올라를 공유하고 있다. 중미로부터 뻗은 산맥은 체계적으로 섬들을 가로질러 동 - 서 방향으로 위치해 있다. 히스파니올라에 위치한 몇몇의 섬들은 남미와 북미 서부를 종주하는, 특히 안데스산맥처럼 산으로 이루어져있어 금광과 다른 지하 광물들을 풍부하게 보유하고 있다. 대앤틸리스(the Greater Antilles)는 카리브 섬 국가들의 영토 구성에서 거의 80% 이상을 차지하며, 인구 구성에서도 약 90% 에 해당하는 인구분포도를 가지고 있다. 1492년 이래로 스페인은 자메이카를 포함하는 대앤틸리스(the Greater Antilles) 섬 국가들을 먼저 식민화하기 시작했다. 오늘날 이 커다란 섬 국가들은 귀중한 천연 자원과 안정적으로 정착된 인구를 통해 발전을 하고 있다. 소앤틸리스(Lesser Antilles)는 2 개의 아크(arc; 원호 모양)로 구성된 카리브 동쪽의 작은 섬들의 그룹을 이른다.

내부 아크를 구성하는 섬들은 세인트키츠(St Kitts), 몬트세라트(Montserrat), 과들루프(Guadeloupe) 일부분, 마르티니크(Martinique) 그리고 세인트빈센트(St Vincent)를 포함하는 화산 지대로 둘러싸인 지역으로 이루어져 있고, 외부 아크를 구성하는 섬들은 저지대 석회암으로 이루어진 섬들로 바베이도스(Barbados), 안티구아(Antigua) 그리고 세인트 마틴(St Martin)으로 이루어져있다. 소앤틸리스(Lesser Antilles) 지역은 서대서양 무역의 근거지를 마련하고자 했던 북유럽 국가들 - 영국, 프랑스, 그리고 네덜란드 - 로부터 식민지화되었다. 남미 연안을 둘러싼 트리니다드 토바고(Trinidad and Tobago), 아루바(Aruba), 보네르(Bonaire), 큐라소(Curaçao; 일명 퀴라소섬) 등은 남미 본토에 있는 베네수엘라와 같은 이웃 국가보다는 다른 카리브 섬들과 더 많이 연결되어 있다. 특히 아루바(A), 보네르(B), 큐라소(C), 일명 ABC 제도는 강우량이 적어 농업 지역으로는 열악한 조건을 가진 지역으로 대서양 무역의 거점을 원했던 네덜란드에 의해 식민화되었다. 스페인 식민소국이었던 트리니다드(Trinidad)는 1815년 끝난 유럽의 나폴레옹 전쟁 당시 영국에 의해서 조차되었다. 지리적으로 이웃 국가인 남미 국가들과 유사한 점이 많아 아마도 남미 본토와 관계를 유지해 왔던 것으로 보인다.

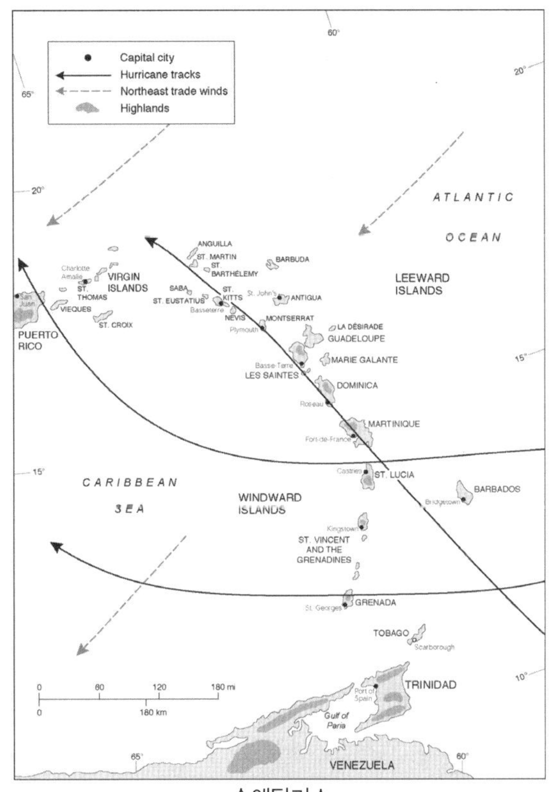

소앤틸리스

플로리다 남부 해안으로부터 삼투성의 석회암과 산호로 이루어진 저지대에 수백의 작은 섬들이 모여 바하마 제도를 형성하고 있다. 700개 이상의 섬들로 이루어져있으며 대부분 거주가 불가능한 지역이다. 몇몇의 섬들은 북회귀선(북 23.5°) 북쪽에 위치에 있어 기술적으로는 열대지방이 아니다. 영국령 터크스케이커스(Turks and Caicos) 제도는 여기에 포함된다.

동시대 카리브 국가들은 대부분 아프리카 - 카리브인의 특징을 갖는 인구로 구성되어 있고, 이들이 향유하고 있던 전통적인 아프리카 문화와 그리고 시대의 흐름과 더불어 발전한 보다 혼합된 아프리카 - 카리브 문화를 공유하고 있다. 30개가 넘는 거주 가능한 섬들을 중심으로 거의 4천만에 해당하는 다양한 인종으로 구성된 카리브인들은 오늘날 다양한 언어, 전통문화, 그리고 그들만의 정치 시스템을 발전시켜 오며 살아가고 있다(참고도표 2 참조).

비록 오늘날 이 지역이 미국의 영향을 많이 받고 있는 국가들임에도 불구하고, 이전의 유럽 식민화 과정은 이 지역에서 다양한 문화를 잉태시켰다. 이 지역에서 식민화 작업을 제일 먼저 시작한 나라는 스페인이었다. 하지만 오늘날 이전의 히스패닉 지역은 쿠바, 도미니카 공화국 그리고 푸에르토리코로 이루어져있다 (참고도표 1 참조).

스페인령 문화권내에서는 정치적 다양성이 두드러진다. 예를 들어, 수많은 작은 섬까지 포함한 카리브 연안 국가 중에서 가장 큰 섬인 쿠바는 피델 카스트로(Fidel Castro)의 공산주의 체제 지배하에 있지만, 푸에르토리코의 경우에는 미연방에 속하면서 여전히 지역 내 최대 규모의 식민지로 남아있다. 도미니카공화국은 민주주의를 향한 다양한 노력을 시도하고 있지만, 실질적 독재와 부패의 역사의 정치사를 갖고 있다.

이전의 영국령은 인구 3백만인 자메이카로부터 수천 명의 앵귈라까지 포함된다. 1620년대부터 영국은 세인트키츠 - 네비스 그리고 바베이도스를 시작으로 식민화 사업을 시작했다. 식민전쟁시기 동안 스페인으로부터 자메이카와 트리니다드를 그리고 프랑스로부터 세인트루시아와 그레나다를 획득했다. 하지만 이런 섬 국가들은 1960년대 초반 들어 독립을 시작했고, 의회 중심 민주주의 체제를 확립했다. 오늘날 몇몇 소국들 - 앵귈라, 영국령 버진아일랜드, 케이맨제도, 몬트세라트, 터크스케이커스 - 만이 해외 영국 지배권이 미치는 영국령으로 남아있다.

프랑스의 식민 지역은 과들루프, 마르티니크, 그리고 세인트마틴의 북부지역이 포함된다. 이들 국가들은 오늘날 프랑스 해외이민청과 연결되어 있고 파리의 의회에 대표를 파견하며 유럽 연합(EU)에도 포함되어 있다. 아이티의 경우에는, 1804년 노예해방과 독립 이전까지는 프랑스에 의해 지배되었다, 독립이후 여전히 서반구에서 가장 가난한 국가와 남아 있으며 여전히 정치 및 경제 안정화와 이의 발전을 놓고 어려움을 경험하고 있다. 대부분의 아이티인들은 오늘날 여전히 빈곤에 시달리고 있고 언어로는 크리올어(Creole)를 사용하고 있다.

또 다른 6개국의 영토는 네덜란드와 연관되어 있다. 아루바; 보네르; 큐라소; 사이바섬(Saba); 신트외스타시우스섬(St Eustatius), 일명 스타티아섬; 세인트마틴 남부지역이 네덜란드령 앤틸리스를 구성하고 있다. 특히 아루바와 세인트마틴 남부지역은 네덜란드왕국의 자치령으로 존재하며 모두 다 유럽연합에 지위를 확보하고 있다.

비록 실질적으로 동시대의 카리브 국가들에 상당한 영향력을 행사하고 있는 미국이지만 공식적으로 지배하고 있는 국가는 스페인으로부터 획득한 푸에르토리코와 제1차 세계대전 중에 덴마크로부터 사들인 미국령 버진아일랜드 - 세인트토머스, 세인트크로이, 세인트존 - 에 국한된다. 이들 지역에서 출생한 이들은 모두 미국 시민으로서 권리를 부여받는다.

지난 세기 동안 이 지역은 다양한 언어와 문화 그리고 정치체제에도 불구하고, 공통의 역사를 공유해 왔고 동시에 수많은 도전에 직면해왔다. 공통적으로 카리브 지역은 정복과 식민주의 역사를 공유하고 있다. 원주민 아메리카 종족들 - 아라와크족(Arawak), 타이노(Taino)라고 불리는 아라와크계(系), 그리고 카리브족(Carib) - 은 유럽과의 정복 전쟁에서 살아남지 못했다. 이후 17세기 환금 작물(cash crop)로 부각한 사탕수수 산업 및 이것의 세계 무역 발전과 더불어 노예화된 아프리카 종족들이 불명예스러운 노예무역의 희생양이 되어 대서양을 건너와야 했다. 사탕수수, 노예 그리고 플랜테이션 농업은 현재의 인구 구성과 경제구조의 역사적 배경이 되었다. 그리고 결과적으로 인구과잉과 환경 파괴의 원인으로 작용했다. 또한 노예제, 착취, 식민주의, 종속, 소외 등에 대한 저항은 모든 국가들을 통해서 나타나고 있는 특징이기도 하다.

카리브 국가들은 또한 21세기에 들어 또 다른 도전에 직면해 있다. 세계 경제 발전과 더불어 변화를 거듭하고 있는 세계화 및 개방화 시대에 들어 그들만의 이익을 찾기 위해 노력하고 있는 것이다. 대부분의 국가들은 규모는 작고 자원은 빈약하며 일자리에 비해 과도한 인구를 가지고 있다. 비록 몇몇 국가들이 특정 광물 자원과 산업 부문을 보유하고 있지만 (예를 들어 트리니다드의 경우 석유, 자메이카의 경우 알루미늄 원광인 보크사이트, 그리고 쿠바의 경우 니켈 등) 대부분의 국가들은, 예를 들어 세인트루시아, 그레나다 등은 바나나, 사탕수수, 과일, 향신료 등 여전히 농업 수출에 의존하고 있다. 게다가 더욱 많은 국가들이 관광 산업에 경제 활동을 집중시키고 있고 중요한 외화 수입의 원천으로 삼고 있다. 지나친 관광 산업 집중 현상은 언제나 그랬듯이 외국에 의존하는 종속 경제 발전에서 벗어나지 못하는 결과를 낳고 있다. 몇몇 경제 분석가들은 이런 관광 산업을 새로운 모노컬쳐(monoculture)로 정의하면서 이런 발전은 북미 지역이나 유럽 경제의 기복에 따라 움직이는 대외 취약성을 가진 대표적인 산업 발전의 하나라고 분석하는데 주저하지 않는다. 이런 경제적 취약성에 대한 반응으로 카리브인들의 다른 국가로의 이주 현상은 지속적으로 이루어져왔고 오늘날에도 지속되고 있다. 상당수의 카리브 공동체들이 미국, 캐나다 그리고 유럽에서 발견된다. 이주민들은 카리브 지역 내에 있는 자신들의 가족을 위해 해외 송금을 통해서 지방 경제를 돕고 있다. 지정학적 문맥에서 카리브 국가들은 또한 군사 개입이나 외교적 간섭을 통한 미국의 지배와 간섭에 상당히 노출되어 있기도 하다.

국제 환경에서 이와 같은 어려운 여건들, 즉 글로벌 체제에서 지속되는 빈곤의 문제나 경제적 생존 능력에 대한 염려에도 불구하고, 오늘날 카리브 국가들은 여전히 활기가 넘치나고 있다. 카리브인들 자체가 소중한 자산이다. 경제와 사회가 미래에는 보다 나아질 것이라는 확신을 가지고 있다. 이런 확신과 믿음을 통해 많은 카리브 정부 구성원들과 시민사회는 성 평등 및 인종 평등 사회를 만들기 위해 노력하고 있다. 일자리 부족과 지속적인 경제적 역경으로 지역을 떠나는 많은 이주민들이 존재하는 것도 사실이지만, 이들이 새로운 정착지로 선택한 유럽, 미국 그리고 중미 국가들에서 상당한 영향력을 행사하고 있는 것도 사실이다. 그들은 이들 국가에 노동력을 포함하여 특유의 카리브 음식, 음악, 축제, 사상 그리고 다른 중요한 자산들을 제공함으로서 이들 국가들의 문화를 더욱 다양하고 풍성하게 하고 있다. 칼립소(calypso; 트리니다드 섬 원주민의 민요풍 재즈와 춤)와 카니발(carnival; 사육제)을 필두로, 라스타파리언(rastafarians; 아프리카 복귀를 주장하며 에티오피아 황제 '라스타파리언'을 신으로 신앙하는 자메이카 흑인 문화)과 레게음악(reggae; 서인도제도 록풍) 등 오늘날 카리브 지역은 그 에너지와 열정에서 약동하고 있는 환상적인 지역의 하나로 기억되고 있다.

제1장

지리적 배경과 환경

카리브 국가들은 다양한 사람들과 동식물들이 살고 있는 아열대 지대에 위치에 있다. 원주민 인구는 유럽의 팽창 정책 - 전쟁, 강요된 노동, 경제사회적 붕괴, 질병, 등에 의해 사멸되었다. 스페인, 영국, 프랑스, 네덜란드, 덴마크에 의해 식민지 경험을 했고 이를 배경으로 유럽, 아프리카, 아시아 인종으로 구성된 수많은 인종들이 정착해서 살고 있다. 오늘날 카리브지역은 아메리카 대륙에서 인구밀도가 가장 높은 지역이다. 이와 동시에 카리브 지역의 조망은 그동안의 집중적인 아열대 농작물 생산을 위한 밀림 제거로 오늘날 이지역의 자연 환경은 침식과 가뭄의 위험으로부터 심각하게 노출된 지역으로 변해있다.[1] 따라서 이 지역은 관광 상품 팸플릿의 따듯한 태양, 부드러운 모래 백사장과 반짝이는 바다로 이루어진 파라다이스 이미지와 함께 허리케인, 홍수, 폭풍우, 화산 폭발, 지진, 해일(쓰나미; tsunami), 산사태 등의 자연 재해로도 유명하다.

01 허리케인(Hurricanes)

폭풍으로는 10번째 그리고 허리케인 수준으로는 세계에서 5번째의 규모인 허리케인 지엔(Jeanne)이, 2004년 대서양에서 발생해 미국 내륙의 플로리다로 옮겨가면서 미국령 버진아일랜드, 푸에르토리코, 도미니카공화국, 아이티 그리고 바하마의 북동부를 강타했다. 허리케인이 다가오면서 푸에르토리코 정부는 전기 연결망을 폐쇄시켜 60만에 달하는 주민이 전기와 물 없이 보내야 했다. 산사태가 국유림을 손상시켰으며 7명의 사상자를 냈다. 도미니카공화국에서는, 특히 많은 인구가 거주하고 있는 사마나(Samana) 남부 연안도시들이, 이 폭풍우의 중심에 있었고 18명의 주검이 확인되었다. 폭풍 경고 시스템이 열악했던 아이티의 경우는 홍수와 산사태로 서부 고나이브 해안도시를 중심으로 수많은 사상자가 발생했다. 3,000명이 죽었고 2,500명의 사상자를 발생시켰나. 전염병의 확산을 막기 위해 시체들은 공동으로 불에 태워진 후 매장 되어야만 했다. 거의 모든 국가들(ABC 국가들을 예외로 한다 할지라도)이 적도의 남과 북을 가로 지르는 5°에서 20° 사이에 위치해 있어 허리케인의 위협에 그대로 직면해 있었다. 이 지역에서 허리케인 발생은 일반적으로 아프리카 연안으로부터 발생해 대서양을 건너와 서쪽으로 서서히 이동해 카리브 지역으로 진입한다. 오늘날에는 이런 진입의 횟수가 6월과 11월 사이에 잦아지고 있으며, 해마다 인명, 재산, 그리고 농작물에 막대한 피해를 일으키고 있다. 어원학적으로 '허리케인'이란 명명은 아메리카 원주민 언어인 '우라칸(hurakan)'에서 유래하는 '악마의 바람(devil wind)'이라는 의미를 갖는다. 허리케인은 대서양에서 초기에는 저기압 상태에서 작은 파장으로 형성되다가 이후 강한 바람을 동반해 중심 '눈'을 중심으로 시계 반대 방향으로 돌면서 무서운 힘을 일으키며 발전한다. 좀 더 기술적으로 살펴보면, 아열대 폭풍은 해수면의 에너지가 충분히 최고조로 상승했을 때 시속 74마일(시속 119킬로미터)의 강한 바람과 폭우를 동반해 발생한다. 사피르 - 심슨 스케일(Saffir - Simpson Scale)은 허리케인을 풍속과 폭풍 해일 유형에 따라 다음의 다섯 종류로 분류한다(표 1 참조).

표 1: 사피르 - 심슨 스케일(Saffir - Simpson Scale)에 따른 허리케인 분류

유형	풍속(시속/킬로미터)	폭풍 해일(미터)
1	119~153	1.2~1.5
2	154~177	1.8~2.4
3	178~209	2.7~3.6
4	210~249	3.9~5.5
5	249 이상	5.5 이상

카리브인들은 해년마다 허리케인의 위협으로부터 그들의 농장과 목초지 그리고 안락한 휴식처와 심지어 생명마저 빼앗기고 있다. 2004년 허리케인 지엔(Jeanne)은 대략적으로 아이티에서 3,000명 이상의 목숨을 앗아갔고, 같은 해에 유형 4(표 1) 에 해당하는 허리케인 이반(Ivan)은 그레나다를 황폐화시킴과 동시에 29명의 목숨과 섬의 85%를 피폐화시켰다. 이반은 또한 자메이카, 그랜드 케이맨(Grand Cayman), 쿠바 등에서 수많은 인명 및 재산 피해를 낳았다. 카리브 개발 은행(Caribbean Development Bank; CDB)의 보고에 의하면 이에 대한 피해 규모는 거의 30억 US달러에 해당했다. 2005년에는 허리케인 데니스(Dennis)가 쿠바와 아이티에서 많은 인명 피해를 발생시켰고, 그해 10월에는 윌마(Wilma)가 쿠바의 북서쪽을 강타하고 아바나의 해양 방제 시스템을 돌파해 수백 명의 이재민을 발생시켰다.

오늘날에는 좀 더 현대화된 경보 시스템의 발달로 인명 피해는 많이 줄었지만 허리케인은 언제나 이 지역민들에게 전기 및 수도시설 단절, 가옥 및 농작물의 피해를 불러오고 있다. 허리케인은 또한 연안 홍수와 해안 침식을 일으키는 폭풍 해일을 동반한다. 일반적으로 높은 강우량은 커다란 홍수를 동반하는데 이는 우리가 2005년 허리케인 카트리나가 미국의 뉴올리언스나 미국 연안 걸프(Gulf; 만)지역에 엄청난 영향을 미쳤던 경험을 통해서 확인해 볼 수 있다. 저지대로서 항

상 홍수 피해에 노출되어 온 미국 남부 사회 내에서도 가장 가난한 지역인 이 지역들은 효율적으로 허리케인 영향에 대처할 수 없었고, 고스란히 그 영향력에 들어가면서 지역은 황폐화되고 말았다. 2005년부터 세계기상기구(WMO)는 대서양 허리케인을 알파벳 이름으로 유형화하기 시작했는데, 기록과 동시에 그 첫 번째 년도에 너무 많은 허리케인 발생으로 인하여 알파벳 26개를 모두 써야했고 바로 크리크(Creek) 알파벳까지 동원해야했다. 이보다 디 나쁜 소식은 몇몇의 기상 전문가들에 따르면, 지구 온난화와 해수면 온도의 상승으로 인해 허리케인은 카리브 지역에서 흔히 볼 수 있는 일반적인 기상 현상이 될 것이며 그 영향력은 해가 갈수록 더욱 강해질 것이라는 전망이다. 카리브 지역에서는 해년마다 이런 다발성 허리케인의 공포에서 벗어나기 위한 각종의 유머와 노래들이 음유되고 있다. 가장 좋은 예는, 자메이카의 작곡가인 로이드 로빈디어(Lloyd Lovindeer)가 1988년 4번째 유형의 하리케인이 이 지역을 강타해 자메이카에서 45명 그리고 아이티에서 30명이나 사상자를 낸 비참한 상황을 비유하여 부른 다음과 같은 노랫말에서 확인되어진다.

> …작은 강아지 한 마리 재미있는 광경을 보고 웃네
> 접시는 스푼과 함께 멀리 날아오르고
> 내 접시는 어디로 가는가? 내 접시는 도대체 어디로 가는가?
> 마치 위성방송 수신용 접시 안테나가 날아오르는 것 같네
> 접시는 비행접시처럼 날아오르고
> 내 지붕은 비자도 없이 이민을 가네…
> 차가운 한 잔의 맥주는 10달러나 든다네…[2)]

이런 종류의 노랫말이 많이 작곡 및 음유되어 간접적으로나마 사회

적 공포를 이겨내고 있다. 이런 테마의 노래들은 이 지역 주민들의 참담한 현실 반영과 더불어 오래된 영국의 동요나 자장가쯤으로 불러지고 있어, 과거식민지배의 아픈 기억을 반추해 내고 있기도 하다. 인공위성 접시는 글로벌 정보화 시대를 상징하고 이민은 비자라는 서류의 유무에 상관없이(선진국들의 강력한 불법이민 단속 비판) 그들의 일상 삶에서 늘 있는 일이며 차가운 맥주로 상징되는 소비재 상품 가격(물가)이, 특히 재난 등의 위기 때에 비싸게 거래됨을 비판하며 풍자하고 있다.

02 지진과 화산

이 지역의 지리적 구조를 좀 더 살펴보면 허리케인뿐만 아니라 지진과 화산의 활동도 여전히 살아 있는 지형적 여건을 가지고 있다. 미국과 카리브 지역의 텍토닉 플레이트(tectonic plates) - 판상(板狀)을 이루어 움직이고 있는 지각의 표층 - 가 서로 반대 방향으로 마찰을 하면서 생기는 압박이 단층선들을 따라 일어나고 있어 지진 및 화산 활동은 지속되고 있다. 과학적 데이터 분석에 따르면, 오늘날에도 모든 섬들이 지진의 진도를 1~10까지 단위로 측정하는 리히터 스케일에 의한 영향권에 모두 들어와 있다. 각각의 리히터 측정 레벨(level)에서 한 단위의 강도는 바로 밑 레벨보다 10배 정도는 강한 위력을 가지고 있다. 즉, 리히터 규모가 7.0으로 측정되었다면 이 강도는 바로 밑의 단위인 6.0과 비교해서 충분히 열 배는 강한 규모이다.

이 지역에서 가장 잘 알려진 지진은 1692년에 발생한 것으로 과거 해적 활동으로 악명 높았던 자메이카의 수도 킹스턴 부근 포트 로얄(Port Royal; 로얄항) 항구를 파괴시켰다. 이후 킹스턴은 곧 새로운 수도로 복원 개발되었지만, 1907년 또 다른 지진과 파괴적인 화재로 수난을 겪어야 했다. 푸에르토리코 및 도미니카공화국의 일부분은 깊은 해구와 가깝게 연결되어 있어 지진이 빈번하게 일어나는 지역 중의 하나이다. 푸에르토리코는 세대를 거쳐 1670, 1787, 1867 그리고 1918년에 각각 엄청난 지진 재난을 경험해야 했다.[3)]

활화산은 카리브 연안 국가 중 내부 아크를 구성하는 많은 섬들에 - 그레나다에서 북쪽을 따라 세인츠키츠(St Kitts)까지 - 한정되어 진행 중이다. 이중에서 과들루프의 수프리에르산(Mt Soufrière)은 소앤틸리스에서 가장 큰 화산으로 유명하다.* 이 화산은 1976년 또 한 차례 분화했지만 효과적인 대피로 인하여 인명 피해는 발생하지 않았다. 가장 커다란 재앙으로 기록되고 있는 화산 폭발은 1902년 마르티니크에 있는 몽펠레산(Mt Pelée)에서 발생했다. 이 폭발로 인해 거의 3만 명이 죽고 남서쪽 기슭의 도시 상피에르(St Pierre)는 심각하게 파괴되었다. 1979년 세인트빈센트의 수프리에르산(Mt Soufrière)에서도 커다란 화산활동이 목격되었다. 근래에 들어 1995년 이래로 영국령 몬트세라트는 수프리에르산 화산대로부터 발생하는 다양한 화산활동과 영향으로 섬의 2/3에 해당하는 지역은 - 이전의 수도였던 플리머스(Plymouth) - 이미 비거주지역이 되었고, 많은 인구가 인근의 다른 섬이나 영국 본토로 이주했다. 세인트빈센트 그리고 세인트키츠는 여전히 미래에 화산 폭발 가능성이 제일 높은 지역으로 분류되고 있다.[4)] 이와는 대조적으로 세인트루시아의 휴화산으로 유명한 두 개의 봉우리 산 - 페티트(Mt. Petit)과 그로스(Mt. Gros) - 의 경우는 세계 문화유산으로 기록될 정도로 아름다워 해마다 수많은 관광객을 불러 모으고 있다. 해저 지진은 해양의 진동을 가져오고 결과적으로 높은 파고

---

* 높이 1467m. 안산암질 화산으로 정상부에 종 모양의 화산이 있는 성층화산(成層火山)이다. 1400년부터 10여 회에 걸쳐 분화한 것으로 기록되어 있는데 1956년 분화하였다. '수프리에르'란 프랑스어로 '유황산(硫黃山)'이라는 뜻이며, 서인도제도의 세인트빈센트 그레나딘(1,234m)에도 같은 이름의 화산이 있다(역주).

와 함께 발생하는 쓰나미(tsunamis)라 불리는 해일을 불러와 수많은 인명 피해와 대재난을 동반한다. 우리가 잘 알고 있는 2004년 12월 24일 동아시아에서 발생한 쓰나미 충격은 잊을 수가 없다. 카리브에서 발생한 쓰나미는 1946년 도미니카공화국에 커다란 영향을 미쳤다.

03 홍수와 산사태

홍수는 카리브 국가들에서 가장 일반적인 자연 재난 중의 하나이다. 허리케인이나 아열대 폭풍은 흔히 이 지역에 홍수를 발생시키며 느린 유수의 흐름은 더욱 심각한 홍수를 발생시키는 원인이 되고 있다. 산사태는 심한 강우량과 동반해서 발생해 왔고 이 지역의 지진 활동에 의해 더욱 빈번히 일어나고 있다. 때때로 인간이 산림 훼손 및 목초지 제거, 경사지 조성 등을 통해 이런 자연 재해를 더욱 악화시키는데 일조하고 있다. 하지만 더욱 문제는 되는 것은, 이런 다발성 자연 재해 지역을 중심으로 빈촌이 형성되어 인명피해가 포함되는 대재난의 가능성을 높이고 있다는데 있다.

04 자연 재해에 대한 동시대적 반응

자연 재해는 인간, 사회 및 경제적 재난을 함께 가져온다. 몇몇 재해는 심지어 정치적 반향을 불러오기도 한다. 대부분의 카리브 국가들은 이런 자연 재난으로부터 오는 위협으로부터 벗어나기 위해 그동안 자연 재해 방지 프로그램 및 관리 의제들을 지속적으로 발전시켜 왔다. 데이터 수집과 분석을 통해 전략적으로 재난 지도를 만들고 잠재적인 위협을 평가하고 제거하는데 도움을 주고 있다. 현대화된 기술은 사전 경고 시스템이나 위기 상황 관리 시스템 구축에 일조하고 있다. 이 중에서 가장 잘 알려진 예는 인공위성을 이용한 허리케인의 예상 경로를 추적하는 시스템 구축일 것이다. 카리브 긴급 재난 구호 에이전시(the Caribbean Disaster Emergency Response Agency; CDERA)가 이런 역할을 담당하고 있으며, 기상 정보를 일반화하고 또한 각국 정부에 교육을 강화하고 있다. 이와 더불어 16개국의 비정부기구 단체들(NGOs)은 이 에이전시를 통해서 재난의 영향을 최소화하고 구제에 최대한 협력을 하는 다양한 활동을 하고 있다. 서인도세도 대학에 속해있는 연구자들은 정보를 분석하고 공동 연구를 병행해 재난의 관리, 경감 및 교육을 돕고 있다. 자연 재해의 충격은 이처럼 다양한 활동을 통해서 경감될 수 있지만, 그럼에도 불구하고 위험 지대에 대한 토지 사용 계획이나 지진, 산사태, 홍수를 막기 위한 지대 설정에는 상당한 어려움을 갖는 것도 현실이다. 비용 부담에 따른 어려움도 존재하지만, 보다 나은 설계나 공법 응용 등을 활용한다면 허리케인과 지진으로부터 오는 자연 피해는 줄여나갈 수 있을 것이다. 하지만 불행하게도, 지금까지는 비록 많은 노력을 통한 진전이 있었음에도 불구하고, 더욱 더 많은 해결 과제가 아직 미해결 상태로 남아있다. 증가하는 인구와 도시화는 이런 상황에 해결의 실마리를 제공해 주지 않고 있으며, 아울러 점증하는 농촌에서 도시로의 국내이주를 통한 지진이나 홍수 피해가 잦은 위험 지역 거주 문제는 소외 지역과 환경적 재앙과의 밀접한 연결 고리를 더욱 강화시켜 오고 있는 실정이다.

05 기후와 조망

카리브 국가들은 해안상의 높은 습도와 아열대 기후를 가지고 있다. 비록 바하마나 쿠바의 북쪽 지방 그리고 자메이카 쪽으로 겨울에 차가운 공기가 통과해 많은 폭우를 동반하지만, 대체로 온화한 열대 기후지역이라는 특색을 갖는다. 평균 온도는 약 26.7° (화씨 80°) 정도로 일 년 내내 그리 많은 온도 변화가 없는 지역이다. 사실, 일일 온도 변화는 계절 변화보다 크다. 온도는 고도에 따라 또 다시 변화한다. 고도가 높은 대앤틸리스 지역의 산맥을 따라 온도는 더욱 낮아지며, 도미니카공화국의 산 정상 위로 차가운 서리가 발견되기도 한다. 아열대의 열기는 북동 무역풍의 영향과 함께 상당한 정도의 폭우를 동반한다. 정확하게 시기적으로 구분되는 우기와 건기가 있으며 여름에는 보다 많은 강수량을 동반한다. 12월에서 4월까지는 건기로서 관광 사업이 최고조에 달하며, 전통적으로 사탕수수를 수확하는 시기이다. 섬 기후는 상당할 정도로 변화무쌍하다. 일반적으로 저지대는 높은 산들로 이루어진 고지대에 비해 강수량이 덜하다. 예를 들어 베네수엘라의 해안으로부터 평평한 지역인 ABC 지역은 일 년 평균 20인치(51센티미터)의 강우량만을 보여 반(半)건조 지역에서 발견되는 작은 관목, 수풀, 용설란 등이 자란다. 이보다 높은 지대에서는 연중 100인치(254센티미터) 가량의 강우량을 보인다. 예를 들어, 도미니카공화국의 중앙 부분에서는 100인치 이상의 강우량과 함께 풍부한 열대 다우림 기후를 형성하고 있다. 이보다 더 올라갈수록 기후는 더 추워지고 습해진다.

중요하게 강우량을 형성시키는(허리케인을 제외한) 기후적 요인으로는 카리브 북동쪽을 가로지르는 습한 공기를 가득담은 무역풍의 영향을 들 수 있다. 이 지역에서 우기 변동은 또한 산악 지대가 많은 곳에서 발생할 수 있는 기후라는 특징을 가지고 있다. 즉, 습기를 잔뜩 머금은 무역풍이 높은 곳에 올랐다가 차가워지면서 바람이 불어오는 쪽의 경사면과 만나 낙하하면서 강우량을 만드는 현상이 이런 기후의 일반적인 특징이다. 건조한 기후를 가진 지역은 바람이 불러가는 남서쪽에 위치한 섬들로, 북동 경사면에 비해 아주 적은 양의 강우량만을 가지고 있다. 예를 들어, 자메이카의 북쪽 해안에 위치한 몬테고만(Montego Bay)의 경우, 연평균 강우량이 130 센티미터나 되는 반면에, 남쪽 해안에 위치한 킹스턴의 경우는 80센티미터에 머물고 있다. 따라서 높은 고지대에서 멀리 떨어진 대부분의 연안지역에서 강우량은 적은 편이다. 푸에르토리코의 북쪽 지방은 건조한 남쪽보다는 상대적으로 습기가 많은 지역이다. 안티구아나 ABC 국가들처럼 저지대에 위치한 지역들은 건조하며, 따라서 가뭄 현상이 일상적으로 발생한다. 이들 지역에 거주하는 가정들은 저마다 물 저장을 위한 가정용 물탱크는 필수적이다. 강우량은 또한 열 공기의 대류 현상에서 영향을 받는다. 대지가 열을 발산시키고 이 열이 위로 상승하면서 대기 전류를 발생시키고 차차 응고와 낙하 과정을 통해 강우량이 발생한다. 전형적으로 비를 만드는 구름은 하루 오전 중에 대부분 만들어지고, 오후가 되면 적란운(강한 비구름)이 형성되어 천둥을 동반한 폭우로 변한다.

이 지역에서 대부분의 성숙한 원시림들은 유럽의 식민화 과정 이래로 점점 사라져갔다. 사탕수수 및 농업생산을 위해 많은 원시림들이 차례로 제거되었다. 목재는 건설, 울타리 설치, 그리고 제당 생산을 위한 화석 연료로 쓰였다. 17세기부터 시작된 이러한 과정은 소앤틸리스 지역에서 '대산림 개벌'이라고 언급되었다.[5] 쿠바에서도 서부와 중앙에 있는 침엽 원시림 파괴가, 비록 조금 늦은 19세기에 시작되었지만, 그 과정은 비슷하게 이루어졌고 이를 '산림의 죽음'이라고 부를 정도였다.[6] 20세기 들어 쿠바 동쪽의 산림은 미국의 제당 산업을 위해 또 한 번 수난을 당해야 했다. 도미니카공화국에서도 사탕수수 산업을 위해 수천 에이커의 산림이 벌목을 당했다.[7]

푸에르토리코에서 열대 다우림인 엘 윤케(El Yunque)지역은 고원지대에 남겨져 있다. 도미니카도 초록의 원시림이 상당할 정도로 남겨져 있다. 바베이도스의 터너스홀우드(Turners Hall Wood) 산림 지역은 사탕 산업을 위해 많은 원시림이 제거된 후에도, 작게나마 살아남았다. 오늘날 쿠바, 도미니카공화국 그리고 푸에르토리코의 석회암 지역에서도 상당할 정도의 원시림들이 발견된다. 하지만 몇몇 국가들, 예를 들어 안티구아의 경우에는 원시림이 없다. 아이티의 경우, 예전에는 원시림으로 둘러싸였던 곳이 이제는 산림 벌채 및 훼손으로 인하여 오늘날 남아있는 산림은 거의 없다.

몇몇 카리브 섬들은 상당할 정도의 산악지대를 가지고 있다. 도미니카공화국의 피코 듀란테(Pico Durante)산은 해발 10,417피트(3,175미터)로 이 지역에서 가장 높은 산이다. 중앙의 고원 지대는 또한 '작은 스위스(little switzerland)'라 불리며, 겨울에는 서리가 형성되어 서늘한 기후로 유명하다. 하지만 카리브 지역은 역시 해안선을 낀 연안 환경으로 더 잘 알려져 있다. 해변은 카리브를 여행하는 관광객들에게 중요한 역할을 하며, 섬의 경제를 좌지우지한다. 하지만 근래에 들어 해변은 산업화, 도시화, 자연재해, 관광 상품화 등으로 오염되어가고 있다. 수많은 관광객, 호텔산업, 유람선 그리고 이를 둘러싼 수많은 이벤트들이 오염과 이에 따른 환경 파괴 및 해변 침식을 가속화시키고 있다. 환경 파괴로 인해 산호초는 위협에 빠져있다. 카리브는 바하마 플랫폼을 연장한 암초 지대를 중심으로 산호를 생산하는데 전 세계 시장에 14%에 해당하는 물량을 공급하고 있다.[8)] 산호섬들을 반드시 보호되어야 할 필요가 있는데, 이는 해변을 보호하는 역할(강한 파도를 암초가 먼저 부딪치면서 압력을 줄여주어), 물고기의 양식을 공급하는 역할, 그리고 오늘날 가장 중요한 이 지역 수입원인 관광객들을 불러오는 역할 등 다양하게 긍정적인 기능을 하고 있기 때문이다. '맹그로브(mangrove)'나 습지대(wetlands) 또한 보호되어야 한다.* 이는 단지 눈에 보기 좋은 심미적 관점의 자연 환경 보존이라는 개념보다는, 이들 지역이 존재함으로써 허리케인과 홍수를 예방할 수 있기 때문이다. 오늘날 이런 연안 생태계의 중요성을 깨달은 정부들이 습지를 보호하기 위해 많은 노력을 기울이고 있다. 예를 들어, 트리니다드의 나리바 습지(Nariva Swamp)는 오늘날 국립공원이 되어 보호되고 있다.

동식물 서식지 또한 오늘날 그들의 서식지 파괴 및 인간의 상업적 활동으로 상당한 위협을 받고 있다. 카리브 섬들은 세계에서도 찾아볼 수 없는 수많은 동식물의 다양한 생물의 종(species)이 분포되어 있는 곳이다. 세인트루시아는 세인트빈센트와 함께 아주 독특한 형태의 앵무새가 서식하고 있으며, 도미니카의 경우에도 세상에서 유일한 두 종류의 앵무새가 존재한다. 오늘날 아이티와 도미니카공화국에서는 40여 종의 독특한 나비들이 발견되었다. 카리브 섬들은 또한 다양한 조류들이 미주대륙의 남과 북을 종단할 때 중간에 쉬어가는 섬들이기도 하다. 수많은 철새들이 이 지역을 중간 기점으로 이용하고 있다. 다양한 동식물 종(種)의 멸종 사태는 인류에게 또 다른 재앙이다. 이럼에도 불구하고 오늘날 수많은 동식물들의 맥이 끊어지고 있다. 이런 재앙을 막기 위해 카리브 국가들은 그동안 많은 노력들을 기울여왔다. 예를 들어, 자메이카의 경우 야생 보호법을 통해 다양한 종류의 동물들 - 거북이, 자메이카 이구아나, 해우(manatee; 바다소), 아메리칸 악어 그리고 두 종류의 앵무새 - 를 법으로 보호하고 있다.[9)]

---

* 맹그로브(mangrove)는 열대와 아열대의 갯벌이나 하구에서 자라는 목본식물의 집단으로 줄기와 뿌리에서 많은 호흡근이 내리고 열매는 보통 바닷물로 운반되나 어떤 종은 나무에서 싹이 터서 50~60cm 자란 다음 떨어지는 것도 있는 데 이를 특히 태생식물이라고 한다(역주).

06 지속 가능 발전

환경 이슈들이 오늘날 카리브의 정치와 공공 담론에서 많은 관심과 논쟁의 핵심으로 부상하고 있다. 이는 지속 가능한 발전을 위해 점점 파괴되어가는 환경문제를 심각하게 인식하고 미래 세대를 위해 반드시 이 문제를 해결해야 한다는 논리이다. 따라서 지속 가능한 발전은 생태학적 다양성을 유지하고, 해양과 대지에서 자연 서식지를 보호하고 이를 위해 오염과 환경 파괴를 막아야 가능하다. 이는 장기적으로는 환경 보호라는 목적과 단기적으로 효과를 얻는 지속성을 통해서 가능하다. 이러한 개념은 또한 모든 공동체 구성원들을 위한 사회와 경제 발전을 강화시키는 다양한 사고들과 행동의 노력들이 함께 협력해야 이루어질 수 있을 것이다.

많은 카리브 국가들은 환경 보호를 위해 다양한 국제 협정 및 활동에 적극적으로 참여하고 있다. 가장 모범 사례는 1992년 브라질의 리오 데 자네이루의 지구 정상 회의(the Earth Summit)에서 합의를 이룬 생물 다양성 협정(the Convention on Biological Diversity)에 대부분의 카리브 국가들이 - 세인트키츠, 네비스, 세인트루시아, 바하마, 바베이도스, 쿠바, 도미니카, 그레나다, 그리고 자메이카를 포함하여 - 동의 서명을 했다는데 있다.

각 정부들은 토착 동식물들을 국립공원을 통해 보호하기 시작했고, 해양과 토지를 보호하기 시작했다. 예를 들어, 도미니카는 모네 트로이스(Morne Trois) 열대다우림 국립공원을 통해 생태 - 관광 프로젝트를 운영하고 있다. 쿠바의 경우는 세계 유산의 하나인 훔볼트(Humboldt) 국립공원을 통해 지역 차원의 환경 보호에 힘쓰고 있다. 많은 전문가들은 가장 효과적인 환경 보호를 위해서는 정부와 지방 국민들의 상호 협조를 제일 좋은 방법이라고 권유하는데 주저하지 않는다. 하지만 현실적으로도 이를 행동으로 옮기는 데는 여전히 많은 시간과 노력의 투자가 뒤따라야 할 것이다. 하지만 이 시점에서 제일 중요하게 생각해야 하는 것은, 환경 파괴와 함께 카리브 지역의 아름다운 자연환경의 조망 그리고 야생이 점점 무너지고 있다는 사실을 인식하고 위기의식을 갖는데 있다.

자연 과학적 분석에 따르면 오늘날 이 지역에서 빈번히 발생하는 자연재해는 많은 것들이 그 원인이 무엇이든지간에 '지구 온난화' 현상과 관련을 맺고 있는 듯하다. 만일 이런 온난화 현상이 지속되면 결과는 더욱 비참해진다. 잠재적으로 카리브 국가들의 해안을 따라 해수면이 상승하고 해안 홍수가 발생할 것이고, 산호표백은 물론 심각한 기상변동으로 허리케인은 더욱 기승을 부릴 것이다. 이제는 국제사회가 온실가스 방출을 제한하고 돌아올 수 없는 길로 들어서기 전에 이를 중단하는 지혜를 모아야 할 것이다. 오늘날 카리브 지역은 이런 심각성을 가장 잘 경고해주는 지역의 하나로 인류에 커다란 교훈을 주고 있다.

07 환경 대조: 아이티와 도미니카공화국

스페인 식민지 초기의 보고에 의하면, 히스파니올라(Hispaniola)섬은 1490년대 두 대륙이 만날 때 만에도 울창한 산림으로 뒤덮여 있는 지역이었다. 오늘날 이 섬은 동쪽 1/3을 차지하고 있는 아이티와 서쪽으로 2/3를 점유한 도미니카공화국으로 양분되어 서로 다른 환경 적 발전과 함께 커다란 차이를 보이고 있다.

아이티는 거의 수림이 없으며 도미니카공화국의 경우는 1/4만의 산림만을 보유하고 있다.[10] 실질적으로 항공사진을 통해 관찰해 보면 두 나라는 초목의 분포도에서 상당히 대조적인 결과를 얻게 된다. 아이티의 극심한 산림 벌채로 인한 황폐화 현상은 토양의 침식으로 이어져 분수계를 손상시켰으며, 강으로 과도한 침전물을 쌓이게 하여 강우량을 감소시키는가 하면, 동시에 연료 사용을 위한 땔감의 부족까지 발생했다. 오늘날 아메리카 대륙에서 가장 가난한 국가인 아이티는 이런 열악한 조건에 대부분이 농업 생산에 집중된 과도한 인구마저 가지고 있다. 이와는 대조적으로 도미니카공화국은 환경문제가 거의 없는 국가이다. 인구팽창 압력으로부터 자유로우며 경제 성장과 일인당 국민소득을 비교해 보아도 아이티보다는 월등하다. 지리적으로 똑같은 섬을 공유하고 있고, 식민지 경험과 미국의 점령 역사마저 동일한데 어째서 두 나라는 서로 다르게 발전해 왔을까? 여기에는 자연 환경 변수의 차이가 중대한 비교 변수로 존재한다. 일반적으로 보자면, 도미니카공화국은 아이티보다 많은 강우량을 가진 지역이다. 섬의 아이티 쪽은 산들로 막혀 있어 강수량이 많지 않다. 반면에 도미니카공화국은 시바오 계곡(Cibao Valley)같은 비옥한 토지를 가지고 있다.

하지만 이보다 더욱 중요한 요인들은 두 지역의 역사적, 경제적, 사회적 그리고 정치적 발전의 차이에서 더욱 뚜렷한 대조적 차이를 발견할 수 있다. 도미니카공화국이 스페인령인데 반해 세인트 도밍게(St Domingue)로도 알려진 아이티는 프랑스령이었다. 프랑스는 이 지역의 사탕수수 플랜테이션 농업에 집중 투자를 했던 반면에, 스페인은 17세기 및 18세기 동안에 국제 사회에서 그 힘이 약화되면서 이 지역에 덜 집중했고, 토지 이용에서도 농업과 목축이 동시에 이루어졌다. 아이티는 사탕수수 재배라는 노동 집중 단일 작물의 생산을 위해 아프리카로부터 노예화된 흑인들이 많이 들어 온 반면에, 도미니카공화국에서는 상대적으로 흑인 인구 유입이 적었다. 1780년대까지는 세인트 도밍게는 아메리카 대륙에서 아주 부국의 식민지였다. 하지만

1804년 아이티 혁명을 통해 프랑스로부터 독립을 선언했다. 혁명과 독립 이후, 아이티의 사탕수수 플랜테이션은 철저하게 파괴되었고, 토지는 작은 농장 중심 생산 구조로 재편되었다. 이런 재편 과정에서 수많은 산림들이 개별 농부들의 토지 개간을 통해 사라져 갔으며 대부분 커피나 농작물 생산 지역으로 대체해갔다. 무분별하게 벌목된 목재들은 가정 연료로 또는 건축 자재로 이용되었다. 이와는 반대로 도미니카공화국의 경우는 초기에 담배, 커피, 카카오 작물을 통한 농업 수출 중심의 발전을 이루어 오다가 1870년 이후 뒤늦게야 사탕수수 산업이 시작되었다. 이는 당시 상황에서는 상당히 뒤늦은 발전이었다. 노예무역은 이미 끝났고, 그리고 그 당시 자원 배분에 있어서 도미니카공화국의 경우 적은 인구로 인하여 사회적으로 그리 많은 압력과 갈등이 없었다.

하지만 차이를 나타내는 좀 더 중요한 요인으로는 도미니카공화국의 경우에, 환경 보호 정책이 상대적으로 성공했기 때문이다. 1900년대 초반부터 산티아고 가까이에 위치한 베달도델 야께(Vedaldo del Yaque) 자연림의 벌채가 풀뿌리 민중들의 압력으로 이루어지지 않았다. 이후에 독재자 라파엘 뜨루힐요(Rafael Truhillo, 1930~61)는 한편으로는 그 자신의 개인 이익을 위해서 벌채를 통제했고, 다른 한편으로는 분수계를 보호하기 위해 국립공원을 세워 보존지역을 만들고 농업 토지 개발을 위해 산림을 불태우는 화전을 금지시켰다. 그는 소나무 원시림을 소유했지만 한정적인 벌채 방식을 통해 다른 지역으로 산림을 넓혀가는 보호 정책을 유지했다. 그의 암살 후에는 잠시 벌채가 증가했지만, 발라게르(Balaguer) 대통령 집권 후부터 다시 상업적 목적의 벌채는 금지되었고 군이 이를 엄격하게 통제하였다. 미개간지의 불법 이주자들과 부자들이 국립공원에서 쫓겨났으며, 국민들은 그들의 연료로 석탄 대신에 보급된 액화 천연가스를 사용하도록 권장되었다. 1960~70년대를 통해서 강력한 지도자였던 호아낀 발라게르(Joaquín Balaguer)는 상당히 인상적인 환경 보호 성과를 올렸다. 그는 자연 보존 지역을 확대해 두 개의 연안 국립공원과 두 개의 수중 고래 보호 시설을 세웠고, 광산 회사에 세금을 부과했다. 그는 아쿠아리움, 식물원 그리고 자연사 박물관 사업을 시작했다.

오늘날 도미니카공화국 정부는 많은 대학들과 비정부기구(NGOs) 단체들과 팀워크를 이루어 다양한 환경 자원을 보호하기 위해 애쓰고 있다. 하지만 모든 것이 완벽하지는 않다. 도미니카공화국 또한 해안선 및 어업의 손상과 토양 침식과 질 낮은 식수 문제 등으로 고통 받고 있다. 하지만 여전히 국토에 비례하여 상당할 정도의 70개가 넘는 자연 보존 지역이 있다.[11] 도미니카인들은 상대적으로 빈곤한 국가임에도 불구하고 이처럼 인상적인 환경 보호 기록을 가지고 있는 반면, 아이티는 점점 늘어나는 인구와 빈곤으로 인해 그들의 활기찬 미래 가능성에 대한 희망마저 점점 없어지고 있다.

제2장

1945년 이전 역사

동시대 카리브는 식민주의, 사탕수수 플랜테이션 농업, 노예노동문화로 점철된 역사를 지니고 있다. 카리브에 새로운 인종과 동식물이 유입되었으며, 이 지역은 성장하는 대서양의 일원이 되어 아프리카, 아메리카 그리고 유럽을 연결하게 되었다. 경제적으로 아프리카의 노동, 카리브의 토지, 그리고 유럽의 자본이 결합하여 유럽으로 수출을 위한 농산품들 - 기본적으로 사탕수수 - 를 생산해 왔다. 정치 경제적 대외 통제와 경제적 이익의 식민 본국으로 수출이 식민주의의 기본 규칙이 되었다. 그 결과 이 지역에는 아프리카 - 카리브 인구, 투쟁·생존·복원의 역사, 정치적 독립의 열망, 그리고 사회 경제적 복지에 대한 의지만이 남겨졌다.

01 이전 역사

1492년 콜럼버스가 그의 첫 항해를 시작하기 이전에, 카리브 섬들에는 이미 남미 본토로부터 이주해 온 것으로 알려진 세 부족의 아메리카 원주민이 존재하고 있었다. 어로 작업, 사냥 및 채집 생활을 통해 쿠바 서쪽과 남서 히스파니올라에서 거주하던 시보네이(Ciboney)족과 역시 남미에서 카누로 이주해 와 유럽 문명과의 접촉이 이루어졌을 때 대앤틸리스에서 지배적인 위치를 차지하고 있었던 타이노 - 아라와크(Taino - Arawak)족이 대표적이다. 타이노 - 아라와크족은 나무를 벌채하고 화전을 통한 근채 작물들 - 예를 들어 마니오크(일명

'카사바'로 불리는 녹말을 만드는 뿌리 식물), 감자, 땅콩 등을 농작하며 살았다. 토양은 조금 높은 지대의 들판을 통해서 농작에 유리하게 형성되었다. 쓰디쓴 마니오크는 제대로 숙성이 되지 않거나 잘못 다루어지면 독이 되는 작물이었지만, 이를 잘 활용해 해충을 막고 그리고 고칼로리의 식량으로 이용했다. 아라와크족은 또한 옥수수와 콩 그리고 다른 농작물, 예를 들어 그들이 피우는 담배까지 농작을 했다. 짐작하건데 이런 작물 생산을 위해 그들은 쿠바나 남쪽 히스파니올라에서 관개시설을 사용했을 수도 있다. 따라서 그들의 농업시스템은 효과적이고 생산적이었던 것으로 보인다. 동물성 단백질은 어로 작업 및 사냥에 의해 보충되었다. 면화 생산은 이들에게 옷과 그물망 그리고 해먹을 만들어 주었다. 도자기와 일용 바구니가 생산되었고 금을 통한 장신구 제작 기술도 발전되었지만, 수레바퀴를 만들거나 철제 도구 또는 제지술은 그때까지는 포함되지 않았다.

이 지역에서 아메리카 원주민 인구는 식민지 이전 당시에 상당했을 것으로 추정된다. 도미니크회의 수사였던 라스 카사스(Las Casas)의 기록에 의하면, 오직 히스파니올라에만 약 3백만의 원주민 인구가 존재했던 것으로 보고되고 있다.* 그는 기록을 통해 스페인 점령군의 인디오 정책에 있어서 식민 정복자의 잔인한 권력의 남용을 비판하고 그들을 보호하고자 했다. 그는 식민 초기 단계에서 아메리카 원주민 리더들이 스페인 점령군에 의해 많이 살해되거나 기독교 개종을 강요

---

* 라스 카사스 (Bartolomé de Las Casas; 1474-1566): 스페인 세비야 출생. 성직자이자 역사가로 도미니크파의 수도사였다. 1510년 주교가 되어 아메리카대륙 최초의 선교사로 신대륙으로 건너갔다. 산토도밍고, 쿠바, 멕시코 등지에서 인디오에게 전교하고, 그들을 위해 쿠마나(베네수엘라)에 이상적인 식민지를 건설해 보고자 노력하였으나, 실패하였다. 인디언 보호법을 제정하였고, 또한 식민자의 불법 행위와 인도회사의 횡포 등을 평생에 걸쳐 고발하였으며, 이를 《인디언 파괴에 관한 간결한 보고》(1567)라는 저서로 정리하였다. 1547년 스페인으로 귀국하여 《서인도의 역사》 등 라틴아메리카에 관한 많은 저서를 남겼다(역주).

당하는 등 종교적 탄압이 있었다는 사실을 다양한 문헌과 기록을 통해 증언했다.[1] 아울러 많은 학자들 또한 카리브 전 지역을 통틀어 식민 전 최소한 약 1백만 명 이상의 원주민이 존재했다고 추정하고 있다. 하지만 원주민 수는 이후의 스페인의 팽창을 통한 식민화 과정 - 전쟁, 혹독한 탄압, 노예화, 사회적 붕괴, 그리고 원주민들에게 면역이 거의 없는 인플루엔자, 천연두, 홍역, 말라리아 같은 구세계의 질병 감염 - 과 더불어 급감하게 되었고, 1570년대에 이르러서는 대앤틸리스 지역에서 아라와크족은 거의 사라지게 되었다. 아라와크족의 문화적 성향, 특히 농업 생산 기술부문에서 스페인 점령군과 아프리카인들에게 그대로 전수 되었다. 이 지역을 '카리브'로 명명하게 만든 카리브족은 초기 스페인군의 푸에르토리코 습격 이전에 소앤틸리스 지역에서 대부분 거주하고 있었다. 아라와크족과는 달리 식민 전쟁에 대한 카리브족의 초기의 효과적인 저항은, 유럽인들의 이 지역 점령을 더디게 했다. 농작물 생산을 기반으로 하긴 했지만 사냥과 채집 및 어로 생활을 통해 그들의 삶을 영위했다. 또한 인육을 먹었다는 카니발니즘(cannibalism)의 문화도 보고되어 왔다. 하지만 결국 북유럽 국가들에 의한 정복과 저항의 과정 속에서 18세기 말 이후에 영국 점령 정부에 의해 몇몇 지역으로 - 세인트빈센트, 도미니카, 그리고 벨리즈(흑인 카리브족)로 분리된 후에 다른 지역으로 강제 이주 조치되었다.

유럽에서 아시아에 도달하겠다는 콜럼버스의 항해와 도전은 카리브 세계의 진면목을 바꾸어 놓았다. 훌륭한 선원이었지만 형편없는 지리학자였던 콜럼버스는, 1492년 초기 항해 탐험선 - 니냐(Niña), 핀타(Pinta) 그리고 산타 마리아(Santa Maria)호와 함께 출항한 이후, 유럽과 아시아의 서쪽 항로를 지리적으로 잘못 측정하는 심각한 오류를 저질렀다. 스페인 국왕 페르디난도와 이사벨 여왕의 재정적 후원을 받은 콜럼버스는 무슬림 상인들이 독점하고 있는 아시아 무역의 직항로를 찾기 위해 처녀항해를 시작했다. 그는 쿠바의 북쪽 해안과 히스파니올라 섬에 도착하기 전에 먼저 바하마에 있는 산 살바도로(San Salvador)에 첫발을 내딛었다. 콜럼버스는 이곳을 아시아에 있는 인도에 도착했다고 믿었고, 그래서 서인도라 명명했다. 그의 두 번째 항해는 1493년에 이루어졌는데 이는 첫 번째 항해보다는 농업과 광업 부문에 더 많은 역점을 둔 식민 사업을 위해 진행되었다. 히스파니올라 섬의 북쪽 해안에 위치한 라 이사벨라(La Isabela)에 정착지를 마련한 식민 점령군들은 그들이 취해야할 금광이 거기에 있었음에도 원주민과의 갈등이나 식량 공급에 따른 문제점에 직면해야했다. 결국 콜럼버스의 두 번째 항해도 이런 어려움들을 극복하지 못했고, 1496년 그는 스페인으로 다시 돌아와야 했다. 그는 2년 후에 다시 카리브로 되돌아왔으며 좀 더 많은 기회와 미래가 있는 산토도밍고의 남쪽 해안에 새로운 정착지를 건설했다. 이후 산토도밍고는 아메리카에서 첫 번째로 성공적인 스페인 식민 도시 지역으로 자리매김하게 되었고 섬의 행정 수도(나중에 멕시코)로서 그리고 중남미 진출의 새로운 교두보가 되었다. 아울러 산토도밍고라는 명명 자체는 오랜 스페인 식민 통치 동안 중남미 여러 도시에서 사용됨으로서 아주 중요한 역할을 하고 있다. 오늘날은 도미니카공화국의 수도로서 1514년 이후 성당들과 정부 건물들, 그리고 광장들과 백만이 넘는 인구를 가진 오래된 역사를 품고 있는 도시의 하나로 잘 알려져 있다.

스페인 탐험가들은 귀중한 광물들과 자원을 찾아 재빠르게 대앤틸리스의 조사를 마쳤으며 곧바로 정착지들이 히스파니올라에서 자메이카, 쿠바 그리고 푸에르토리코 쪽으로 확대되어 갔다. 금광은 히스파니올라, 쿠바, 푸에르토리코에서 발견되어 산출량이 1520년까지 대량으로 채굴되다가 이후 점점 줄어들었다. 이 시기 동안 원주민들은 노예처럼 농업 생산과 광물 채취의 강제 노역에 시달렸으며 많은 수가

이 시기 동안 사망했다.

카리브 섬 국가들은 1519~1521년까지 스페인 제국주의의 집중관리 대상 지역이었다가 에르난 코르테스(Hernán Cortés)가 쿠바로부터 멕시코로 진출, 아즈텍 제국을 굴복시킨 후에 스페인의 관심은 아메리카 본토로 이동했다. 멕시코시티는 인구 구성에서 동시대의 스페인의 세비야(Seville), 프랑스의 파리 또는 영국 런던보다 큰 약 20만 이상의 원주민으로 이루어진 옛 아즈텍의 수도인 테노치티틀란(Tenochtitlán)의 유적 위에 세워졌다. 멕시코 북쪽의 사카떼카스(Zacatecas)에서 은광산이 1540년대 발견되어 16세기 스페인의 황금시대를 재정적으로 떠받쳤다. 또한 피자로(Pizarro) 형제는 잉카(Inca) 제국을 몰락시킨 후에 남미를 관통해 1532~1533년 사이 페루에 중심을 두고 식민 사업을 확장시켜갔다. 1540년대 그는 이곳 잉카제국의 중심인 포토시(Potosí)에서 커다란 은 광산을 발견했다. 이때까지 대앤틸리스 지역에서 원주민 인구는, 특히 1518년 히스파니올라에 천연두 전염병이 휩쓸고 간 이후, 거의 사라졌으며, 그리고 동년도에 노예무역이 대서양을 통해서 이루어지기 시작했다. 서아프리카 해안 지역을 따라 노예화된 아프리카인들은 새로운 노동력 공급을 위해 배에 올라야 했다. 대앤틸리스 지역은 본토에 설치된 뉴스페인 및 페루 총독 관저에 식료품, 가축, 그리고 중요 물자들을 제공하는 전략적 거점지가 되어갔다. 스페인 점령군들은 사탕수수, 감귤류, 커피, 바나나들을 들여왔고. 나중에 이런 작물들은 카리브 농업 수출의 주요 품목으로 등장하는 계기가 되었다. 밀, 올리브 그리고 포도나무 등이 구세계에서 신세계로 이동했지만 카리브 지역 환경과는 그리 맞지 않는 작물들이었다. 가축들 - 소, 말, 당나귀, 돼지, 양 그리고 염소 - 등이 유럽에서 아메리카 대륙으로 도입되었다. 하지만 소와 돼지는 스페인 점령군이 비축용으로 사육하기 위해 남겨 놓음으로 해서 카리브 지역 환경에

치명적인 영향을 미치기도 했다. 담배는 중요한 원주민의 농작물의 하나로 경작되었으며, 유럽으로 수출되었다. 제당은 1520년대를 시작으로 히스파니올라에서 스페인으로 선적되었지만 나중에 수송문제와 노동력 부족으로 인해 그리 중요한 산업으로 발전하지 못했다.[2)] 처음부터 중미 지역에서 경작되던 옥수수와 안데스 지역에서 경작되던 감자는 이후 유럽 및 세계 여러 곳에서 중요한 농작물이 되었다. 이런 방식으로 진행된 동식물의 대륙 간 '콜럼버스 교환(Columbian Exchange)'은 결국 세계의 농업 생산과 식문화의 일대 변화를 가져왔다고 볼 수 있다.

카리브에서 16세기는 스페인의 독무대였다. 스페인 상인들은 그 당시 자유무역과는 반대되는 엄격한 국가 통제하의 중상주의(mercantilism)시스템에 의해 무역을 진행시켰다. 고(高)관세 및 독점무역이 일반적이었다. 하지만 다른 국가들의 무역 사업도 또한 성행하기 시작하였다. 영국, 프랑스 그리고 네덜란드의 불법 상인들이나 해적선들이 유럽과 카리브를 연결하는 대서양 무역에 진출을 원하면서 카리브 지역을 둘러싼 갈등이 발생했다. 해적선들은 가끔 스페인 선박들을(특히 은을 운반 및 호송하는) 공격하기도 했다. 이 당시 중요한 항해 루트였던 쿠바의 아바나 같은 도시는 이들 해적들의 공격 목표가 되기도 했다. 이를 방지하기 위해 스페인 점령군은 무역 항구들을 방어할 요새를 구축했고, 오늘날 이런 요새들은 다양한 항구도시들 - 예를 들어, 산후안(San Juan), 산토도밍고(Santo Domingo), 아바나(Havana), 콜롬비아의 카르타헤나(Cartagena) 그리고 플로리다의 세인트 아우구스틴(St Augustine) - 등에서 관광객들을 끌어들이는 중요한 관광 상품 지역으로 남아있다.

악명 높은 사략선(privateer; 전시에 적선을 나포하는 면허를 가진 민간 무장선) 활동의 본보기로는 영국의 여왕 엘리자베스 1세로부터 재정 지원을 받고 플리머스(Plymouth)에서 활동했던 존 호킨스(John Hawkins, 1532~1595)와 프란시스 드레이크(Francis Drake, 1540~1596)의 경우들이 대표적이다. 호킨스는 서아프리카로부터 노예들을 들여와 스페인 점령군과 노예무역을 했고, 영국인으로 첫 번째 세계항해를 했던(1577~1580) 드레이크는 스페인 도시들을 공격하기도 해(1572년 Nombre de Dios) 남미로부터 운반중인 다량의 은을 탈취하기도 했다. 이들은 또한 1588년 스페인 무적함대를 격파한 경험도 가지고 있으며, 1595년에는 엘리자베스 1세로부터 재정적 지원을 받아 파나마나 카리브지역의 중요 스페인 점령지를 공격하기도 했다. 하지만 원정 공격은 그리 성공적이지 못했고 호킨스는 1595년 푸에르토리코에서, 그리고 드레이크는 그 이듬해 포르토벨요(Portobello) 인근 해안에서 차례로 죽었다.

02 17세기

17세기에 들어 북유럽 국가들인 네덜란드, 영국 그리고 프랑스가 소앤틸리스 지역에서 식민지를 건설하기 시작했다. 1621년 허가를 받은 네덜란드 서인도회사는 아메리카 연안과 아프리카 그리고 네덜란드를 연결하는 독점무역을 허가받았다. 이와 더불어 네덜란드의 성공적인 스페인 선박 공격으로 인하여 영향을 받은 더 많은 나라들이 카리브 지역에 식민지 획득 가능성을 가지고 접근하기 시작했다. 네덜란드는 무역과 밀수입 기지로 큐라소섬(Curaçao, 네덜란드 어업을 위한 소금산업을 위한 중요한 지역)과 신트외스타시우스섬(St Eustatius)을 식민화했다. 아울러 17세기 전반기 동안 네덜란드는 브라질 북동쪽의 페르남부쿠(Pernambuco) 제당 산업을 통제하기도 했다.*

* 브라질 북동부에 있는 페르남부쿠주(Pernambuco). 주도(州都)는 헤시피이

1620년대에서 1630년대 동안 세인트루시아와 그레나다(Grenada)의 식민화를 추진했으나 실패한 영국은 부분적으로나마 세인트키츠, 네비스, 바베이도스, 안티구아, 몬트세라트를 식민화했다. 영국은 식민화 프로젝트에 재정을 지원하는 다양한 투자자들을 통한 주식회사 방식의 식민화 작업을 진행했다. 초창기에는 백인 정착민들을 통해서, 그리고 점점 식민시대에 미국으로 건너간 일정한 기간을 두고 계약을 통해서 고용된 노동자 또는 무임도항 이주자, 죄수, 빈민 등을 통해서 담배, 면화 그리고 남색 염료(indigo), 생강 등의 작물을 유럽으로 수출하기 위해 경작했다. 1640년대에 들어서는 한편으로는 기후적으로 열대 및 아열대 기후에 맞게, 그리고 다른 한편으로는, 유럽에서의 높은 가격과 수요의 증가에 힘입어 사탕수수 산업이 가장 수익성을 내는 작물로 재배되었다. 이와는 달리 담배는 열대지방에서 경작하기 적합하지 않은 작물로 버지니아나 메릴랜드에서 대량 생산되어 1630년대와 1640년대 사이 심각한 가격 폭락을 경험해야했다.

프랑스의 경우, 추기경이자 정치가였던 리슐리외(Armand Jean du Plessis Richelieu, 1585~1642)와 프랑스 왕정 루이 14세 때 재정 장관이었던 장 바티스트 콜버트(Jean - Baptiste Colbert, 1619~1683)의 중상주의 정책의 영향으로 마르티니크, 과들루프, 그리고 부분적으로 세인트키츠에 정착했다. 하지만 이들 지역에서 사탕수수 산업은 노동력의 부족으로 영국 지배 하의 섬들에 비해 느린 속도로 성장해야만 했다.

사탕수수 플랜테이션 산업의 붐은 - 이른바 '사탕수수 혁명'이라 불리며 - 충분한 노예 노동력과 1640년대에 네덜란드의 노하우(know-how)와 신용의 결합을 통해 바베이도스에서 시작되었다. 카리브 섬 국가

다. 대서양에 면한 연안부(沿岸部)는 열대성 기후이고, 내륙부는 반건조성 기후이다. 1535년 포르투갈의 D.코엘류(Duarte Coelho)가 광대한 카피타니아(capitania)를 받아 이곳에 식민(植民)을 개시하였고, 1630~1654년에는 네덜란드의 지배를 받았다. 설탕 생산량이 많고 내륙의 건조지대에서는 목축이 성하다(역주).

들에서 설탕 생산은 다음과 같은 세 단계를 거치는 재배 및 공정 - 사탕수수의 재배 및 수확, 압착 및 과즙 추출, 그리고 마지막으로 가열 및 결정화 - 과정을 통해서 진행되었다. 그리고 부가적으로 불순물을 제거하는 정제 과정은 유럽에서 이루어졌다. 사탕수수를 재배하고 제조하는 산업은 곧 바베이도스로부터 다른 소앤틸리스 섬들로 확산되었다. 17세기 바베이도스는 영국 식민지 체제에서 가장 많은 부를 생산해 낸 섬으로 그 당시 미국의 버지니아나 매사추세츠를 능가했다. 이런 영향으로 바베이도스의 수도인 브릿지타운은 북대서양에서 가장 발달된 항구도시로 발전할 수 있었다.* 하지만 이후에 토지와 자본이 없는 많은 바베이도스 백인들은 북미 식민지 지역(사우스캐롤라이나)으로 토지를 찾아 이주했고, 이 노동부족을 보충하기 위하여 더 많은 아프리카 노예들이 사탕수수 산업을 위해 카리브 지역으로 이동해야 했다. 따라서 영국과 프랑스령 카리브 섬에서 인구 구성은 점점 대다수가 흑인들로 이루어지게 되었다.

카리브 지역에서 17세기 후반부터 스페인의 패권은 영국과 프랑스의 점증하는 힘의 도전에 직면하게 되었다. 1650년대에 들어 스페인은 영국의 올리버 크롬웰(Oliver Cromwell, 1599~1658)의 '서인도 구상(western design)' 이라는 대외정책 - 히스파니올라 점령을 위해 구상되었으나 실패한 - 의 결과로서 전리품 형식으로 자메이카(Jamaica)를 영국에게 넘겨주었고, 1697년에는 프랑스와 리스윅 조약(the Treaty of Ryswick)을 맺고 히스파니올라 서쪽을 내주었다.** 자메이카와 생

---

* 브릿지타운은 소앤틸리스 남서부에 위치한 칼라일만(灣)에 면하는 항구도시로 서인도 항로의 요지이며, 영국령 제도와의 중계무역항을 이루던 곳으로 외양선의 연료보급기지이다. 럼주 · 설탕 · 정유(精油) 등의 공장이 있으며, 특히 제당과 럼주 제조가 성하다(역주).

** 1697년 스페인은 프랑스와 리스윅 (Ryswick) 조약을 맺고 이 섬의 서쪽 1/3을 프랑스에게 양도하였다. 이로써 서쪽은 프랑스 식민지 생도맹그(Saint Domingue), 동쪽은 스페인 식민지 산토도밍고(Santo Domingo)로 분할되었다. 18세기 생도맹

도맹그(St Domingue) 지역에서 1700년도 초반에 유럽과 아프리카 그리고 아메리카를 연결하는 이른바 대서양 삼각 무역의 중간에서 살아난 대규모 아프리카 노예의 유입과 이들의 노동을 기반으로 사탕수수 플랜테이션 농업이 집중적으로 이루어졌다. 하지만 모든 무역이 이러한 삼각축을 이루고 진행되지는 않았다. 특별한 노예선박들이 아프리카와 아메리카 사이를 왕래하기 시작했다. 게다가 북미와 서인도제도를 연결하는 바다에서 생겨난 무역(sea - borne trade)이 이루어지면서 곡물, 수산물 그리고 목재 등이 카리브 쪽으로 수출되고, 제당이나 당밀 그리고 럼주(rum) 등이 본토로 수출되었다. 이후 서쪽 생도맹그(St Domingue) 지역은 1804년 독립과 더불어 오늘날 아이티(Haiti)라 불리게 되었다.

03 18세기

제당과 노예

18세기 동안 제당 생산은 영국과 프랑스의 카리브 식민 지역을 통해 점점 확대 되어 절정에 도달했다. 설탕에 대한 수요가, 특히 영국에서 삶의 질 향상과 더불어 홍차나 커피 소비가 늘어나면서, 점증적으로 증가했다. 제당 산업은, 특히 수확기와 더불어 사탕수수를 베고 운반하고 압착해서 정제된 설탕을 만들기까지 많은 노동 공급을 요구했다. 사탕수수 수확기에는 제당 공장은 24시간 작동되었다. 아프리카는 이런 필요 노동을 공급했다. 대략 1천만에서 1천 2백만 정도의 노예 노동이 아프리카에서 공급되었다고 추정되고 있다. 18세기 대서

그는 사탕수수, 커피, 면화 플랜테이션으로 경제적 부흥을 누린 반면에, 산토도밍고는 상대적으로 열악한 경제상황에 직면했다. 마침내 1795년 친프랑스 정책을 표방하던 스페인은 바젤(Basel)조약을 맺고 이 섬 전체를 프랑스에게 양도하였다(역주, 카리브 웹사이트 참조: http://www.caribe21.com)

양 노예 무역시기 동안에만도 거의 3백 20만 명의 엄청난 아프리카 노예가 서아프리카로부터 대서양을 건너 영국과 프랑스가 점령한 카리브 지역으로 대이동을 했다.[3] 이 지역에서 힘든 노동, 식량 부족 그리고 불평등한 남녀 성비와 각종 질병으로 인해 노예의 자연 증가율은 없고 사망률은 높아갔지만, 반대로 출생률은 낮아 지속적으로 노예는 유입이 되어야했다. 런던, 브리스톨, 리버풀 등의 영국 도시들이 18세기 노예무역과 관련되어 발달했고, 프랑스의 노예무역 업자들은 남프랑스의 보르도항과 북서부의 낭트항을 통해서 노예 공급을 도왔다. 노예들은 대체로 아프리카 상인들에 의해 공급되었으며, 이들은 총기류, 직물, 장신구, 진(gin)과 같은 상품과 교환되었다. 이런 노예무역의 확장을 놓고, 몇몇의 역사가들에 따르면 예를 들어 트리니다드의 이전 총리 에릭 윌리엄스(Eric Williams)는, "카리브에서 노예무역과 제당 경제는 이 지역의 자본주의와 산업혁명을 발전시켰는데 이는 모두 노예의 힘에 의해서 이루어졌다."라고 회고 한다.[4]

노동뿐만 아니라 아프리카인들은 이 지역에 풍부한 문화적 양분들을 제공했다. 음악, 춤, 종교 및 민간 설화를 포함해서 농경문화, 민간의학과 수공예 등에 영향을 미쳤다. 쌀, 수프용 오크라(okra), 검은 눈 완두콩, 과일, 감자, 기장(수수), 사탕수수 시럽 등의 농작물은 아프리카에서 아메리카로 들여 온 것들이었다.[5] 카리브 섬들은 많은 아프리카 문화를 보여주고 있고, 이는 또한 크리올(Creole; 스페인 백인의 자손)이 이들의 문화를 수용하여 변형된 새로운 형태의 카리브 문화로 특징되어지고 있다. 따라서 오늘날 수많은 문화 인류학자들은 카리브 지역을 보다 통찰적인 관점에서 이해하기 위해서는 아프리카적 배경과 그들의 삶의 방식을 먼저 이해해야하는 것이 중요하다고 입을 모은다.

노예제도는 언제나 예속된 노예들에 의해서 저항에 직면했다. 종종

이 제도에 반기를 든 저항과 소요, 반란과 폭력이 수반되었다. 몇몇 노예들은 자유를 찾아서 탈출해 섬의 내부에 마룬(maroon; 탈출한 노예) 공동체를 - 예를 들어, 자메이카의 칵핏 컨츄리(Cockpit Country) - 형성했다.* '마룬' 이란 용어는 '고지에서 사는 거주자' 라는 자유민이 된 노예 시마론즈(cimarrones; 야생의 사람들)에서 유래한 것으로 스페인 점령군으로부터 탈출한 원주민과 나중에 영국이나 기타 점령군의 노예 노동에서 탈출한 탈주노예들을 합쳐서 부르게 되었다.

18세기 말에 이르러 노예무역과 노예 제도의 존립은 다양한 정치인들과 인도주의자들에 의해 도전을 맞았다. 영국에서 1780년대에 이르러 윌리엄 피트(William Pitt)와 윌리엄 윌버포스(William Wilberforce)가 주축이 된 노예제 폐지를 위한 모임이 결성되었다. 그리고 19세기에 들어와 카리브를 둘러싼 대서양 노예무역은 종언을 고했다.

전쟁

18세기는 프랑스와 영국이 국제 무역과 식민지 쟁탈을 위한 갈등이 최고로 표출되었던 시기로 집중적인 국제 경쟁의 증폭과 이로 인한 전쟁이 빈번히 발생했다. 양국은 무역 규제와 독점 무역을 통한 중상주의 경제 정책을 펴고 있었는데 빈번히 카리브 지역에서 시장 확보와 경제적 이익창출을 위한 경쟁의 과열로 매번 충돌할 수밖에 없었다. 전쟁은 유럽 지역을 포함해서 이들의 식민지 쟁탈 지역까지 확대되었다. 유럽에서는 스페인 왕위계승전쟁(1701~1714), 영국과 스페인 간의 젱킨스의 귀전쟁 (War of Jenkins' Ear; 1739)**, 오스트리아 왕

* 칵핏 컨츄리는 자메이카 중서부의 극적으로 깎여진 500평방 마일(1295 평방 km)의 석회암 고원지대이다. 이 지역에는 가파른 계곡에 의해서 나누어진 수천 개의 원뿔형의 작은 언덕이 산재해 있다. 이 지역은 인간에 의해서 더럽혀지지 않고 야생생물이 풍부하기 때문에 조류관찰자나 자연 애호가, 아마추어 동굴 탐험가(칵핏 컨츄리에는 대부분 탐사되지 않은 동굴이 많다) 등을 유혹하고 있다(역주).

위계승전쟁(1740~1748)과 프렌치 - 인디언 전쟁(the French and Indian War)이라고 알려진 7년 전쟁(Seven Years' War; 1756~1763)* 등의 전쟁이 빈번했다.

결과적으로 유럽과 식민지역을 둘러싼 패권 전쟁을 통해 카리브 지역에서 식민 소유권이 변화하는 결과를 낳았다. 마르티니크 방어의 중요한 요새인 세인트루시아(St Lucia)의 경우 아홉 번은 프랑스가 그리고 여섯 번은 영국이 점유했고,[6] 영국의 통제는 나폴레옹 전쟁(1793~1815) 이후에도 지속되었으나 1979년 세인트루시아 독립과 함께 식민통치는 막을 내렸다. 토바고(Tobago) 역시 18세기 동안 영국과 프랑스의 치열한 갈등을 경험한 지역이다. 1888년 토바고는 비록 나름대로의 독립 의지와 다른 식민 지역과의 차이점에도 불구하고 트리니다드(Trinidad)와 병합되어 통치되는 수모를 겪었다.

유럽뿐만 아니라 아시아, 아메리카 등에 걸쳐 영향을 미친 7년 전

** 영국과 스페인 사이의 전쟁(1739. 10)으로 종국에는 오스트리아 왕위계승전쟁(1740~48)에 흡수되었다. 전쟁의 촉발 계기가 된 것은 1738년 로버트 젱킨스 선장이 하원의 한 위원회에 출두해 잘려나간 자신의 귀라고 주장하는 것을 내보이면서, 1731년 4월 서인도제도에서 스페인 해안 경비병들이 자신의 배에 올라와 약탈한 뒤에 귀를 자르고 배를 표류시켰다고 진술한 사건이었다. 이밖에 영국 선박들에 대한 스페인의 또 다른 만행으로 말미암아 이미 영국 내에 여론이 비등해 있었으며, 당시 로버트 월폴 정부에 반대하고 있던 의회의원들은 젱킨스의 사건을 재빨리 정략적으로 이용했다(역주).

* 프랑스 혁명 이전에 벌어졌던 마지막 주요전쟁(1756~63)으로 전쟁은 1756년에 시작되었는데, 몇 년 전 오스트리아 왕위계승전쟁에서 독일 동부의 비옥한 슐레지엔 지방을 프로이센에게 빼앗긴 오스트리아가 그 땅을 회복하려는 데서 비롯되었다. 유럽의 열강들이 모두 참전했다. 일반적으로 프랑스 · 오스트리아 · 작센 · 스웨덴 · 러시아가 동맹을 맺어 프로이센 · 하노버 · 영국에 맞섰다. 영국과 프랑스의 대립에 있어서는 그 지리적 영역이 확대되었다. 전통적으로 경쟁관계에 있던 영국과 프랑스 양국 간의 주요 전장(戰場)은 유럽이 아니라 식민지로, 이들은 북아메리카(프렌치 - 인디언 전쟁) 및 인도를 둘러싼 패권경쟁을 벌였다. 이 때문에 전쟁의 결과는 유럽뿐만 아니라 전 세계에 영향을 미쳤다(역주).

쟁은 대서양 세계에서 아주 중요한 사건이었다. 카리브 지역과 북미(캐나다 포함)에서 심한 갈등을 겪고 난 이후에, 프랑스는 결국 스페인 점령지인 쿠바의 아바나까지 점령한 영국에게 패배를 시인하고 전쟁은 막을 내렸다. 전쟁 사후 처리를 위해 성립된 '파리 조약(Treaty of Paris; 1763)'에서 프랑스의 사탕수수 섬인 과들루프를 누가 차지할 것인지 그리고 캐나다의 프랑스 영토를 어떻게 할 것인가에 대한 논의들이 있었다. 캐나다의 상태는 계속 현상 유지되는 쪽을 택했지만, 논의의 핵심이 사탕수수 산업에 대한 치열한 논쟁에 집중됨으로써 18세기 국제 무역에서 사탕수수 생산지역의 소유에 대한 중요성을 다시 한 번 확인해주는 조약이었다. 영국은 1763년 도미니카와 세인트빈센트, 그레나다 그리고 토바고를 할양받았다.

7년 전쟁 이후 세계는 다양한 형태의 혁명의 소용돌이 - 아메리카 혁명, 프랑스 혁명, 아이티 혁명 - 그리고 중남미에서 다양한 혁명전쟁 속에 빠져들었다. 아메리카 혁명(1776~1783)은 이미 영국과 프랑스에 의한 식민 쟁탈전에 피폐해진 카리브 지역에 또 한번 가혹한 충격을 가했다. 프랑스는 카리브 지역에서 아메리카 식민화를 도왔고, 영국은 카리브 지역의 통치와 지속적인 소유를 위해 필요한 영국 함대의 주요 주둔지인 북미 동쪽 연안을 잃어야했기 때문이다. 이로 인해 많은 카리브 섬들 - 세인트키츠, 네비스, 몬트세라트 등이 프랑스 세력권으로 흡수되었다. 제당 무역은 해군 함정의 작전으로 방해를 받아야했다. 사우스캐롤라이나로부터 오던 쌀과 버지니아에서 공급되던 곡물의 유입이 끊기면서, 식량 부족과 기아에 많은 섬들이 시달려야했다. 아울러 카리브에서 무역을 하면서 과도한 세금과 무역 통제에 염증을 느낀 많은 영국 상인들조차 미국 혁명의 대의명분에 동조하기 시작했다. 하지만 영국 지배 하의 카리브 섬들은 또한 프랑스와 노예 반란을 방어하기 위해 영국 군대가 필요한 역설적인 상황에 처해 있기도 했다. 1783년 모든 분쟁이 종결되었을 때 대부분의 카리브 섬들은 원래의 식민 및 소유 상태로 복귀되었다. 하지만 아메리카 혁명과 더불어 카리브 섬들은 식민지였던 아메리카 13개 주로부터 공급되던 식료품에서 호혜무역을 상실해 곤경에 처하게 되었다.[7)]

바스티유 감옥의 함락과 더불어 1789년에 일어난 프랑스 혁명의 영향은 카리브에서, 특히 생도맹그(St Domingue)에서 커다란 반란과 소요를 발생시켰다. 처음에는 유색인종이 그리고 나중에는 노예들이 그들의 자유와 평등한 삶을 위한 천부인권(natural rights)을 주장했다. 1791년에 발발한 아이티혁명은 이런 흐름을 이어 1804년 그들의 독립까지 지속되었다. 이로 인하여 경제와 많은 자연환경들이 훼손되었으며, 생도맹그의 경우 혁명 이전에 그동안 영국 통치령의 모든 섬들을 합쳐 생산되었던 제당의 생산량보다 많은 양의 제당이 생산되어 왔지만, 혁명 이후 생산량과 수출은 급격하게 떨어졌다. 노예 출신이었던 투생 루베르튀르(Toussaint - Louverture, 1743~1803)* 가 노예들의 자유와 해방을 위해 반란을 주도하였다. 아이티 혁명시기 동안 이곳을 방문한 자메이카의 식민지 무역 상인이었던 브라이언 에드워드(Bryan Edwards)는 사탕수수 산업의 파괴와 수많은 죽음을 생생하게 기록했다.[8)] 자유를 얻기 전에 수천의 백인과 노예들이 대량으로 살해되었다. 자코뱅에 의해 지배되던 프랑스 혁명정부는 1794년 프랑스령

---

* 프랑스 혁명 때 일어난 아이티 독립운동의 지도자. 노예를 해방시키고 잠시 동안 아이티를 흑인이 통치하는 프랑스 보호령으로 만들었다. 생도맹그 출생으로 노예의 아들이었으나 독학으로 높은 교양을 갖추고 1790년 이래 노예해방전쟁을 지도하였다. 프랑스 혁명과 더불어 흑인노예의 반란이 일어나 1793년 혁명정부는 노예해방령을 선포하였다. 혁명정부를 지지한 그는 1795년 소장으로 임명되어 사령관으로서 영국 및 프랑스군과 싸웠다. 1799년 아이티가 내란상태에 빠지자 전도(全島)를 통일하여 혁명적 통일정부를 수립하고 스스로 대통령이 되었다. 그러나 1802년 나폴레옹이 보낸 진압군에 패하여 프랑스로 이송, 프랑스령 포르드주에서 감금당한 채 사망하였다. 그는 '흑인 자코뱅'으로 불리기도 한다(역주).

모든 식민지에 대해서 노예 해방을 선포했다. 오직 아이티에 거주하는 노예들만 예속 상태로 남아 있었는데, 이는 나폴레옹에 의해 마르티니크나 과들루프에 노예제도가 재설정되었기 때문이었다. 많은 아이티의 백인들이, 특히 제당 정제나 커피 생산 노하우를 지닌 전문가들이 쿠바, 푸에르토리코, 자메이카 등지로 탈출했다. 동시에 이들은 미국의 볼티모어(Baltimore)나 루이지애나(Louisiana)에 정착하기도 했다.

아이티 혁명은 카리브 지역뿐만 아니라 여타 다른 지역에도 커다란 파장을 불러왔다. 혁명의 소식이 아이티뿐만 아니라 다른 섬들 - 1795년에 큐라소(Curaçao), 1812년에 쿠바 - 등지에 영향을 주면서 노예 봉기를 도왔다. 경제적으로 아이티의 제당과 커피 수출이 중단되었으며 이들 작물에 대한 국제시장 가격이 치솟기 시작했고, 아울러 이웃 자메이카의 동종 작물 재배농장들의 생산과 이익은 반사적으로 증가했다. 점점 노동에 대한 수요는 급증했고, 비록 노예 폐지론자들이 아이티의 예를 들어 그 무서운 결과를 경고했음에도 불구하고, 노예무역은 1790년대에 들어 절정을 이루었다. 데이빗 데이비스(David B. Davis)는 이런 역사적 전개를 '탐욕이 두려움을 극복한 현상' 이라고 결론을 내렸다.[9)]

국제적인 관점에서, 스페인, 영국 그리고 프랑스 모두는 생도맹그(St Domingue)의 노예 반란을 통제하는데 모두 실패했다. 오직 각종 전투에서 수많은 병사들만이 황열병이라는 열대병에 의해 죽거나 전쟁의 사상자로 남았다. 아이티는 1804년 프랑스로부터 독립을 했고 아메리카 대륙에서 미국에 이어 두 번째 공화국(흑인 공화국)이 되었다. 아메리카 원주민(Amerindian; 아메린디언)어로 '산이 많은 대지'라는 의미를 가진 아이티는 유럽과의 결별을 선언하며 새로운 국가로 독립했다. 새로운 아이티 황제로서 데살린 (Jean - Jacques Dessalines, 1758~1806)

이 등장했지만, 2년 후에 그는 암살을 당했다.

1802년 나폴레옹 보나파르트가 이곳 식민지를 다시 정복하기 위해 보낸 프랑스 원정군에 의해 투생이 퇴위되었을 때 데살린은 처음에는 새로운 정권에 복종했으나, 1803년 나폴레옹이 이곳에 노예제를 다시 도입하려는 뜻을 밝히자(1794년 프랑스 의회에 의해 노예제는 폐지되었음) 그는 다른 흑인 지도자와 물라토(백인과 흑인의 혼혈) 지도자들과 함께 반란을 일으켰다. 영국의 도움을 받아 그들은 산토도밍고에서 프랑스인을 쫓아냈으며, 1804년 1월 1일 데살린은 총독의 자격으로 독립을 선언했다. 그해 9월 그는 자크 1세로서 황제의 자리에 올랐지만, 지나친 백인 및 엘리트 물라토들에 대한 차별정책으로 인해 결국 물라토 지도자 알렉상드르 페시옹(Alexandre Pétion)이 이끄는 반란을 진압하려다 목숨을 잃었다. 이후 페시옹은 남부 아이티를 흑인 지도자 앙리 크리스토프(Henri Christophe)는 북쪽 아이티를 둘로 나누어 각각 지배했다. 그리고 1844년 도미니카공화국이 생기면서 아이티는 히스파니올라 섬의 서쪽을 지배하게 되었다. 아울러 아이티는 독립을 위한 프랑스의 허가를 얻기 위한 보상 차원으로 수백만 프랑을 지불하는데 동의해 새로운 정부를 구축하는데 심각한 재정적 부담까지 안아야했다. 불행히도 독립 이후 아이티는 정치적 불안정과 경제적 파탄을 경험하게 되었고 오늘날까지 이런 현상은 지속적으로 아이티 발전의 저해 요인으로 남아있다.

04 19세기

1815년 나폴레옹 전쟁이 끝난 이후에 아메리카에서 프랑스 제국의 힘은 마르티니크와 과들루프로 축소되었다. 아이티는 독립으로 인하여 상실했고, 루이지애나 영토는 유럽에서 나폴레옹 전쟁을 위한 재정적 지원을 위해 1803년 미국으로 1천 5백만 달러에 매각되었다. 반면에 영국의 식민 영토 확장은, 스페인으로부터 비옥한 영토인 트리니다드를 얻음으로서 증가했다. 이와 동시에 당시 스페인은 나폴레옹의 스페인 점령과 더불어 스스로 독립을 위해 카리브에 집중할 여력을 잃었고, 이런 국제 상황을 통해서 중남미의 다양한 식민 국가들에서 독립의 목소리가 터져 나오기 시작했다. 독립 혁명 지도자들 - 베네수엘라의 시몬 볼리바르, 아르헨티나의 호세 데 산 마르틴 - 등이 스페인 지배에 저항하는 무장 독립운동을 조직하기 시작했다. 1824년 안데스 고지에서 아야쿠초 전투에서 스페인의 패배는 중남미에서 스페인의 영향권의 추락을 상징적으로 보여준 사건이 되었다. 1825년까지 모든 중미, 남미를 포함한 모든 국가들이 스페인의 지배권에서 벗어나면서 독립을 맞이했다. 오직 쿠바와 푸에르토리코만이 스페인 아메리카 제국의 영향권에 남아있을 뿐이었다.

19세기는 카리브 지역에서 노예무역과 노예제도의 폐지를 가져오면서 일대 변화를 불러왔다. 덴마크는 1802년 노예무역을 불법화했고, 영국은 1807년 이를 금지했으며 영국 해군은 이런 불법무역을 해상에서 종종 성공적으로 진압했다. 잘 알려진 역사가 중 한명은 영국에 있어 이런 노예무역의 금지는 일종의 '경제파괴(econocide)' 현상이라고 분석하기도 했다. 왜냐하면 여전히 노예무역과 사탕수수 시설은 경제적 수익을 내고 있는 중요한 산업의 하나였기 때문이다.[10] 미국은 대서양 노예무역을 1808년 금지했으며, 네덜란드는 1814년 이런 조치를 뒤따랐다. 프랑스는 이보다 뒤늦은 1831년에 금지시켰고, 스페인은 1845년에 이르러 이를 불법화했다. 쿠바나 푸에르토리코에서 여전히 노예 노동에 대한 높은 수요가 존재했기 때문이다.

1830년대 초반부터 그동안 노예제 유지를 유지 마련되었던 각종 관련 제도들이 단계적으로 제거되기 시작되었다. 영국 의회 하원의 월

리엄 윌버포스(William Wilberforce)와 토마스 포웰 벅스턴(Tomas Fowell Buxton)같은 노예 폐지론자들은 영제국 내 노예제 불법화를 입법적으로 도왔다. 1816년 바베이도스에서, 그리고 1831년 자메이카에서 노예반란은 노예에게도 인간으로서 누려야할 자유의 권리가 있음과 이를 위해 투쟁해야 한다는 경험을 보여주었다. 영국에서 이런 권리에 대한 대중적 지지(특히 여성의 강한 지지)와 함께 특히 영국 내에서 바뀐 정치 및 경제적 상황이 노예 해방의 든든한 버팀목이 되어주었다. 1833년 영국 의회는 노예 해방령을 통과시켰고, 플랜테이션 농장주들과 이전 노예들을 위한 도제기간 등을 감안한 2천만 파운드의 재정 지원을 약속했다. 노예해방령 이후 제당 생산은 몇몇 섬들에서, 특히 자메이카 경우 노예 노동을 통한 플랜테이션 농업에서 다른 농작물을 재배하기 시작하면서, 감소하기 시작했다. 하지만 바베이도스에서는 여전히 제당 산업은 중요하게 지속되었다. 영국 식민지역에서 제당 생산의 감소는, 이후 보호무역이 사라지고 자유무역이 도입된 1840년대 이래, 영국 경제에 더욱 심각한 타격을 주었다. 오랫동안 카리브 지역에서 사탕수수 플랜테이션을 운영해온 영국 제당 업자들은 쿠바에서 근대화된 형태로 재구성된 시설 경쟁에서, 그리고 여전히 1886년까지 노예 노동을 보유한 플랜테이션 농장들과 경쟁에서 어렵다는 것을 발견해야했다. 부가적으로 이후 사탕무(sugar beet)에서도 경쟁은 뒤따랐다.

오늘날 여전히 영국의 노예제 폐지를 둘러싸고 많은 논쟁이 존재한다. 당시 영국의 노예제 폐지는 인도주의적 이유에서였는가, 아니면 경제적인 동기에서 이루어졌는가에 대한 논쟁이 그것이다. 이에 대한 해답은 둘 다 중요한 이유로 고려되었다는 것이 옳을 듯하다. 신도의 복음주의자(evangelicals)들은 노예 해방을 위해 대중적 지지를 동원해 왔고, 서인도 제도의 농장주들은 영국에서 등장한 산업화와 자유무역에 대한 요구에 맞물려 정치적 경제적 영향력을 상실해 가고 있었다. 공장 소유자들은 공장 노동력을 위해 값싼 식료품을 원했다. 게다가 노예제의 존속은 그 당시 영국에서 일어나고 있었던 중산층 위주의 시민적 가치(value)와는 부조화를 이루는 개념이었다.

프랑스는 1848년 혁명의 시기 동안 노예제를 다시 한 번 폐지했고, 네덜란드가 1863년 이를 계승했다. 덴마크의 버진아일랜드 (Virgin Islands) 노예들은 1848년 봉기와 더불어 자유를 되찾았다. 그리고 마지막으로 노예제를 폐지한 나라는 1888년 브라질이었다. 노예제의 폐지는 영국, 프랑스 그리고 네덜란드령 섬들에서 경제 침체와 쇠퇴를 그리고 자영농의 증가를 가져왔다. 이는 고된 사탕수수 일에서 많은 노동력(특히 여성)이 이탈되면서, 플랜테이션 농장(특히 자메이카)에서 심각한 노동력 감소 현상이 발생했다. 노동 공급의 부족은 이후 인도나 중국으로부터 들어온 계약 노동자들에 의해 보충되었다. 1838년에서 1918년 사이에 거의 15만 명에 달하는 계약직 노동자가 인도에서 트리니다드로 이주했으며, 짧게는 1853년에서 1885년 사이 동인도에서 약 8만 명의 노동자가 프랑스령 카리브로 이주했다. 다양한 인종 혼합의 역사는 이런 방식으로 이루어졌다. 이로 인해 다인종 사회의 형성이라는 긍정적인 현상보다는, 오늘날 다인종 사회의 비판적인 면이 부각되고 있기도 하다. 예를 들어, 트리니다드에서 아프리카 인종과 인도인들 사이에서 엄청난 증오의 감정이 존재한다.

북유럽 국가들의 통제에 의해 노예 제도가 감소한 반면, 스페인 식민지였던 푸에르토리코와 쿠바에서는 잔존하는 노예 노동력을 통한 사탕수수 플랜테이션 농업이 더욱 성행하였다. 토지는 사탕수수 생산 위주로 경작되었고 노예들과 계약직 노동은 더욱 수입되었다. 쿠바는 점점 새로운 증기 기술의 보급, 비옥한 토지, 풍부한 노예 노동력, 미국의 투자와 관세 특권 등을 통해 세계에서 제일 중요한 제당 생산국이 되었다. 1848년과 1874년 사이에 대략 십 2만 5천여 명의 중국인들이 계약직 노동자로 쿠바의 제당 산업에 보급되었다. 이를 바탕으로 쿠바는 1850년대까지 세계 제당 생산량의 가장 많은 양을 담당하고 있었으며, 이로 인한 이익금은 스페인 본국의 재정적자를 낮추는데 도움을 주었다.

19세기 들어 카리브에 대한 미국의 이해가 증가하기 시작했다. 1823년 '먼로 독트린(Monroe Doctrine)'을 시작으로 미국은 이 지역에서 유럽의 영향력을 배제시키기 위해 노력했다. 이를 위해 미국은 서반구(Western Hemisphere) 지배 전략을 단계적으로 구축하기 시작했다. 19세기 중반부터 미국은 '명백한 사명설(manifest destiny)' 즉, 미국이 북미 전체를 지배할 운명을 갖고 있다는 주장과 함께 영토 확장에 대한 제국주의적 이데올로기가 팽배해 있었다. 구체적으로 쿠바를 미국으로 편입시키기 위해 1848년 미국의 11대 대통령 제임스 포크(James Polk)는 쿠바에 대한 구매 의사를 제안했었다. 이후 1854년 14대 대통령 플랭클린 피어스(Franklin Pierce)도 스페인에 쿠바 구매조건으로 1억 달러를 제안하기도 했다. 이후 비록 미국의 남북 전쟁(1861~1865) 동안 카리브에 대한 관심이 누그러졌지만, 1869년 미국의 18대 대통령 율리스시 그랜트(Ulysses S. Grant)는 도미니카공화국을 합병하고자 시도하기도 했다. 하지만 1861~1865년 사이에 도미니카공화국은 아이티의 도미니카공화국 지배에 대한 염려로 오히려 스페인 제국의 지원을 자발적으로 수용했다.

남북전쟁 이후 대앤틸리스에서 미국의 관심은 공식적인 병합보다는 제당이나 담배와 같은 상업 및 경제적인 이익에 중점이 맞추어졌다. 쿠바의 제당 산업은 증기 시스템을 가진 공장과 수송에 있어 철도 시스템의 발전으로 상당한 진전을 이루었다. 아울러 1870년대까지 미국은 쿠바, 푸에르토리코 그리고 도미니카공화국에서 생산된 제당의 가장 중요한 시장 역할을 했다. 제당 도매상인이 물건을 미국으로 보내면 미국 회사에서는 이를 정제해 포장한 후 시장에 공급하는 역할을 통해서 상업 무역이 활발히 이루어졌다.

노예 제도는 푸에르토리코에서 1873년에서 1876년 사이 끝이 났고, 쿠바에서는 1880년에서 1886년 사이에 종결되었다. 1868년에서 1878년의 10년 동안 쿠바에서 노예 해방과 독립 운동은 스페인 군대에 의해 진압되었다. 그리고 19세기의 마지막 몇 년 동안 쿠바는 또다시 스페인에서 독립을 획득하기 위해 심한 갈등을 겪었다. 경제는 파탄에 빠졌고, 수천의 인구가 목숨을 잃었다. 쿠바인들은 좀 더 많은 자치를 원했고, 특히 미국과의 무역에 있어 규제 완화를 요구했다. 성공적인 쿠바 독립 전쟁은 1895년과 1898년 사이의 싸움을 통해서 이루어졌다. 쿠바의 애국자들은 - 호세 마르티(José Martí, 1853~1895) 같은 - 쿠바의 완전한 독립을 원했다. 저널리스트이자, 시인이기도 했던 마르티는 쿠바에서 혁명 활동을 이유로 뉴욕으로 추방되기도 했지만, 그는 기꺼이 쿠바 독립을 위한 순교자 역할을 해냈다. 3년 동안의 전쟁은 거의 4십만 명의 목숨을 앗아갔으며, 스페인 병사들의 잔인함을 드러낸 전쟁이기도 했다.[11] 많은 플랜테이션 농장들이 불타면서 제당 생산은 급감했다. 이 전쟁 동안 푸에르토리코는 미국과 병합되기 전 짧게나마 자체 정부가 들어서기도 했다.

1898년 2월 미국 전함인 마린(Marine)이 원인을 알 수 없는 상황에서 아바나 항구에서 폭발하는 사건이 발생하면서 미서전쟁이 시작되었다. 적대감은 짧은 시간이었고 1898년 12월에 파리에서 평화 협정이 성립되었다. 미국은 푸에르토리코뿐만 아니라 필리핀과 태평양에서 스페인의 식민지였던 괌(Guam)까지 얻었다. 쿠바는 점령되었고, 미국은 카리브에서 스페인을 대신해 새로운 제국주의자로 등장했다. 플랫수정안(Platt Amendment; 1901년 3월 2일, 미국 의회에서 1901

년도 군사예산의 추가 수정으로 채택된 쿠바에 관한 특별조항)에 의해서 쿠바는 미국의 보호국으로 전락해야했다.* 1903년 미국은 이 수정안을 근거로 관타나모만을 해군 기지로 사용할 목적으로 쿠바로부터 임대를 했다. 결국 이러한 정책은, 1823년 먼로 독트린을 바탕으로 26대 대통령이었던 시어도어 루즈벨트의 외교 정책에 승계되었고(Roosevelt Corollary, 1904), 루즈벨트 대통령 시기에 일어난 카리브 해안과 중미에서의 미국의 군사적 외교적 간섭과 행동을 정당화하는 도구로 사용되었다. 아울러 이는 유럽 국가들이 아시아나 아프리카 대륙으로부터 식민지를 개척하면서 카리브 지역에 대한 추가적인 유럽 진출을 사전에 방어하기 위한 해외 기지의 필요성이 제기되었기 때문이다.

05 제1차 세계대전과 대공황

미국에 있어 카리브 지역의 중요성은 시기적으로 제1차 세계대전 동안 1914년에 개통된 파나마 운하(Panama Canal)의 건설과 함께 강화되었다. 한때 프랑스가 시도했지만 실패한 이후로 파나마 운하는 대서양과 태평양을 이어주면서, 동시에 미국의 동쪽 해안에서 서쪽 해안을 연결해, 물자의 수송 및 항해에 있어 수천 마일을 단축시키기 위해 미국에 의해서 건설되고 통제되었다. 영국이 세계를 향해서 그

* 플랫수정안은 O.H.플랫 상원의원을 위원장으로 하는 쿠바 관계위원회의 보고서로 제출되었기 때문에 이 이름이 붙었다. 미서전쟁에서 패배한 스페인으로부터 분리되어 미국 군정(軍政)의 관할 하에 들어간 쿠바는 1901년 2월 독자적인 헌법을 제정해서 독립 체제를 정비했다. 당시 카리브 지역에 야심을 품은 독일의 진출에 위협을 느낀 미국은 쿠바의 독립보전이라는 명목으로 쿠바 내정 간섭권 및 해군기지의 차용권 등을 포함한 플랫수정조항을 쿠바 신헌법에 부대조항으로 삽입시켜 쿠바를 사실상의 보호국으로 삼았다. 이 조항은 1934년 F.루스벨트 대통령에 의해 폐기되기까지 미국의 쿠바 개입의 근거가 되었다(역주).

리고 제국의 이익을 위해서 수에즈 운하를 이용한 것처럼, 파나마 운하도 미국의 경제적 그리고 군사적 이익을 위해 중요한 교두보 역할을 했다. 운하 건설은 또한 미국의 기술력을 보여주는 역할을 했고, 이를 위해 카리브 지역 - 자메이카, 바베이도스 그리고 다른 섬들에서 수많은 노동력이 동원되었다. 운하 건설과 더불어 황열병과 같은 병과 사고에 의해 수많은 사람들이 죽어갔다. 건설 이후에는 몇몇은 '파나마 머니(Panama Money)'와 함께 고향으로 돌아갈 수 있었고, 일부는 중미에 남아 연안 공동체를 구성하기도 했다.

쿠바, 도미니카공화국 그리고 아이티

미국의 파나마 운하 건설은 점점 카리브 지역에 대한 미국의 안보 논리를 강화시켰다. 미군 해군 함정이 1906년과 1909년 사이에, 그리고 다시 1917년과 1922년 사이에 쿠바의 정치적 경제적 위기를 이유로 주둔했다. 미국은 부분적으로 제1차 세계대전(1914~1918)을 이유로 또는 안보와 금융 및 상업적 이유로 1915년에 아이티를 점령했고, 그 이듬해에는 도미니카공화국을 점령했다. 미국은 유럽의 국가들이 아이티나 도미니카공화국에서 채무를 이유로 간섭하는 것을 막고자 노력했다. 독일의 접근을 방어하기위해 1917년 버진 아일랜드를 덴마크로부터 사들였으며, 이 해에 푸에르토리코인들은 미국의 시민이 되었다. 1932년에 이르러 미국령 버진 아일랜드 거주민들도 미국의 시민권을 획득했다.

대앤틸리스의 스페인 점령지들은 북미의 자본과 신용, 시장과 회사에 의존이 심화되면서 점점 더 미국의 영향력과 통제 속으로 들어갔다. 대앤틸리스에서 미국 경제의 지배권은 역시 사탕수수 플랜테이션 산업과 제당 제조업과 관련되어 있었다. 제1차 세계대전 동안에 미국은 쿠바의 제당 산업에 많은 투자와 계약을 했고, 국제 시장에서 가격이 올랐을 때 이익을 통해 사탕수수 생산을 위한 토지와 제조공장 등을 매점하는 방식으로 부를 축적했다. 이런 방식의 상업 플랜테이션이 확장되면서, 수많은 쿠바 농민들은 토지를 잃고 외국 회사의 임금노동자로 전락해갔다. 비슷한 방식의 발전 모델이 도미니카공화국과 푸에르토리코에서 발생했다.

20세기 초반 대앤틸리스에서 제당 산업을 통한 미국의 과도한 이익은 많은 사람들의 목숨과 토지를 탈취했고 경제적 통제는 미국의 손안에 있었다.[12] 게다가 카리브 지역에서 영국의 비행 중대가 줄어들면서 미국의 해군은 이 지역에서 최고의 권위를 가지고 있었다. 미국 군대와 민간인들은 1924년까지 도미니카에 그리고 1934년 프랭클린 루즈벨트 정부의 '좋은 이웃 정책(good neighbor policy)'까지 아이티에 머물러 있었다. 심지어 미군이 철수한 이후에도 두 나라 사이에는 해외 관세 정책에 대한 관계가 여전히 유효하게 살아있었다. 미국의 점령기에 물론 이들 국가의 재정을 재조직하거나 부패를 없애거나 안정적인 정치기반을 갖추는데 도움을 주려는 등의 다양한 노력들이 있었다. 또한 지방 인프라 구축 사업들 - 도로, 전기, 수자원 공급, 학교 및 병원 등이 설립되어 이들 국가의 사회 발전에 기여하기도 하였다. 하지만 이런 노력에도 불구하고, 이들 국가에 책임감 있는 민주정부를 수립하는 데는 실패했다. 인종주의가 만연했고, 한 비평가의 분석에 의하면, 미국인들은 그들의 탈출 전략의 일환으로 도미니카공화국과 아이티의 무장한 경찰 세력들에게 잔인한 훈련을 시켰다. 이런 훈련의 유산은 그리고 몇몇의 분석가들에 의하면, 미국의 이런 경직된 폭력 유산이 도미니카공화국의 라파엘 트루히요(Rafael Trujillo), 쿠바의 바티스타(Fulgencio Batista) 그리고 아이티의 뒤발리에 부자(Duvaliers; Papa Doc 과 Baby Doc) 같은 독재자 - 경찰력을 통한 압제와 권력 유지 - 들을 낳는데 일조했다고 비판한다.[13]

미국의 점령과 개입은 이 지역에서 많은 저항에 부딪혔다. 예를 들어, 도미니카공화국에서는 제당 회사의 확장에 따른 토지를 잃어버린 농민들에 의해서 저항이 빈번히 발생했다. 아이티에서는 반란군들이 전형적으로 미군 해병대에 대한 매복 공격이 빈번히 발생했고, 이들은 곧 그들을 지지하는 시골의 농촌지역에서 보호를 받았다. 아이티에는 미국이 도로 건설 사업에 새로운 노동 시스템으로 강제 노역의 부활을 시도했지만, 페랄테(Charlemagne Peralte)와 같은 저항 지도자와 함께 봉기에 직면해야 했다. 미 해병대에 의해 그의 죽음이 확인되었을 때 그는 영웅이자 순교자가 되었다. 푸에르토리코에서는 지방 농촌 마을의 상징적인 농민 이미지인 히바로(Jibaro; 순수 농촌 인디오)에 의한 민족주의 감정과 반미감정을 통해서 1938년 루이스 마린(Luis Marín)에 의해서 민중 민주주의 정당인 PDP(Popular Democratic Party)가 탄생했고, 폭넓은 지지를 통해 1940년 선거에서 승리하기도 하였다.

미국의 정치 및 군사적 개입이 이 지역의 정치적 저항의 여파를 이 지역에 남겨 주었다면, 1930년 미국의 월스트리트를 휩쓴 대공황의 충격은 카리브 지역에 오랜 기간 동안 경제적 역경과 빈곤을 가져져 줌으로써 엄청난 반향을 일으켜야했다. 쿠바는 물론 다른 지역으로까지 여파는 더욱 크게 확산되었다. 제일 중요한 타격은 제당 생산과 가격의 폭락으로부터 발생했다. 1928년에서 1933년 제당 수출은 이전보다 거의 반으로 줄어들었으며, 임금은 삭감되고 실업은 증가하기 시작했다. 더불어 학생들의 투쟁과 노동자들의 파업이 조직화되었다. 1933년까지 쿠바의 대통령이던 장군 헤라르도 마차도(Gerardo Machado)는 혁명적 혼란 상황(폭력 사태)에 직면하여 사임해야했다. 이후 더 많은 폭력과 파업의 혼란기를 이용해 군 하사관이었던 바티스타가 1940년에 쿠바 대통령으로 등장했다.

푸에르토리코 역시 대공황에 의해 심각한 타격을 받았다. 사탕수수, 담배 그리고 자수산업(needlework industries) 등이 심각한 타격을 입었다. 실업과 빈곤으로 인한 아사(餓死)는 평범한 일상이 되었고, 많은 이들은 이런 경제적 어려움이 미국에 종속적인 구조를 지니고 있다는 사실을 인식하고 경제 구조적 모순 상황을 비난하기 시작했다. 도미니카공화국에서는 장군 라파엘 트루히요가 독재자로서 1930년부터 1961년 암살당할 때까지 집권하였다. 일반적으로 그는 당시의 다른 권위주의적 지도자들과 마찬가지로, 예를 들어 이탈리아의 무솔리니(Benito Mussolini)처럼, 통치에 있어 무자비했으며 비밀경찰을 이용한 폭압 정권이었지만 내부적으로는 진보와 농업 발전을 가져왔다. 북미의 투자로 사탕수수 산업은 성장했다. 쌀과 옥수수 작물의 생산량은 정부 지원의 농업 정책으로 급격하게 증가했다. 1930년대 수천의 인명을 앗아간 허리케인의 공격을 받은 산토도밍고 수도는 트루히요에 의해, 잘 구성된 시가지와 함께 예술 갤러리와 박물관을 갖춘 현대적인 도시로 재창조되었다. 수도는 그의 사후 1961년 산토도밍고로 다시 고쳐 부르기 이전에 트루히요라고 명명되었다. 도미니카공화국은 자유를 대가로 조금 나은 현대화된 도시를 얻었다. 트루히요 집권 동안 가장 잔인한 사건은 1937년 아이티와 도미니카공화국 국경지대에 발생한 약 만여 명에 이르는 아이티 이민자들에 대한 학살사건이다. 이 사건은 여전히 역사적 현재로 남아 참혹한 인권유린의 기억으로 남아있다. 그리고 두 나라 사이의 국경문제는, 흔히 아이티인들이 도미니카공화국으로 일자리를 찾아오면서, 여전히 해결해야 하는 문제로 남아있다.

영국, 프랑스 그리고 네덜란드 식민지들

20세기 초반, 영국, 프랑스 그리고 네덜란드의 식민 통제는 소앤틸리스와 자메이카를 중심으로 지속되었다. 앵글로 - 카리브에서 온 많은 병사들은 제1차 세계대전에서 싸우다 전사했고 그리고 이들의 죽음은 곧 잘 정치적으로 이용되었다. 전쟁은 그 자체로 정치 개혁을 위한 촉매제가 되었다. 앵글로 - 카리브에서 파견된 만 오천 명의 자원병력으로 구성된 영국 서인도 연대(regiment)중에서 약 천 명이 넘는 이들이 그들의 목숨을 제1차 세계대전에서 잃었다. 1917년과 1919년 사이에 자메이카, 트리니다드 그리고 카리브 여러 나라에서 폭동과 파업이 발생했다. 중산층으로 구성된 다양한 조직들이(특히, 여성 조직을 포함하는) 정치적 변화와 사회적 개혁을 요구하며 카리브 정부들을 압박하기 시작했다.

대표적으로 마르쿠스 가베이(Marcus Garvey; 1887~1940)는 전쟁 동안, 그리고 전후를 통해서 아주 현저한 흑인 지도자로 등장했다. 그는 자메이카에서 평등권, 흑인 민족주의 그리고 경제적 독립을 주창하기 시작했다. 이후 자메이카를 떠나 뉴욕으로 간 그는 1916년 흑인 권리 향상을 위한 모임(Universal Negro Improvement Association; UNIA)의 뉴욕지사를 세웠다. 그의 모임은 곧 카리브 전역으로 확대 되면서 수많은 회원들을 불러 모았다. 앵글로 - 카리브 지역뿐만 아니라, 이 모임은 쿠바까지도 확대되어 갔다. 가베이는 역동적인 연설가로서 흑인의 자존심을 역설하고, 아프리카 흑인 운동을 지지했으며 범아프리카주의(pan - Africanism)를 전도했다. 그는 또한 1917년 뉴욕에서 '흑인 세계(Negro World)'라는 신문을 창간했으며 블랙스타 증기선 회사를 설립하기도 했다. 1923년 미국의 우편물 서비스 사기죄로 3년 정도 복역한 후에 그는 자메이카로 추방되었다. 자메이카에서 가베이는 1928년에서 1935년 사이 왕성한 정치활동을 통해, 오랜 역사를 통해 인종주의, 차별 그리고 많은 수탈을 받아 온 수많은 아프리카 흑인 카리브인들에게 깊은 영감을 주었다.

정치적으로 영국령 섬 국가들은 지방의 백인 엘리트들과 영국 관리들에 의해 통제가 되어왔다. 바베이도스와 바하마 제도를 예외로 영국직할 식민지(crown colony) 정부로 통제를 해왔다. 행정부의 구성원들은(총독과 고위공무원들) 영국의 웨스트민스터(Westminster)에서 임명한 파견 정치인들로 이루어졌다. 제1차 세계대전 이후에 정치개혁 요구로 인해 1921년 카리브로 우드(E.F.L.Wood, 나중에 워싱턴 주재 외교 안보 대사인 할리펙스 경; Lord Halifax)가 파견되었다. 그리고 우드의 행정 개혁 의지로 현지에서 선출된 구성원들이, 트리니다드나 토바고, 그리고 다른 지역에서도, 입법 기관에서 일할 수 있게 되었다.[14] 하지만 투표권은 재산 능력에 따라 규제되었다. 프랑스령 식민지들은 파리 국민의회에서 대표권을 지니고 있었다. 이후 이 시스템은 해외주(overseas départements) 개념으로 진화 발전했다.

비록 카리브 대부분의 지역에서는 여전히 아열대 농업이 지배적인 경제 활동으로 지속되어 왔지만, 20세기 초부터 트리니다드의 석유 산업이 그리고 베네수엘라의 원유를 이용한 아루바나 큐라소에서 오일 정제 산업이 발전하고 있었다. 결과적으로 산업 노동력은 증가하고 있었고, 이들을 통한 임금 인상 요구나 복지 증진을 대변하기 위해 노조가 발전하기 시작했다. 노조들은 그들의 경제적 고통을 정치적 행동으로 해결하기 위해 조직적으로 활동하기 시작했다. 제1차 세계대전 이후 전쟁에서 돌아온 퇴역 군인들과 부두 노동자들로 1919년 결성된 트리니다드의 노동자 협회는 1934년 트리니다드의 노동자당(labour party)이 되었다.

1930년대 대공황 시기에 쿠바, 도미니카공화국 그리고 많은 카리브 국가들에서 제당가격의 하락과 임금 삭감, 실업 증가, 이로 인한 이주민들의 귀향 등과 더불어 노동 소요 사태가 빈번하게 발생하기 시작했다. 의료, 교육 및 주택 서비스 등 모두가 최악의 상태로 유지되고 있었다. 1931년 자메이카에서 천 명당 유아 사망률은 154명, 그리고 바베이도스에서는 이보다 더 심한 298명을 기록하고 있었다.[15)] 카리브 경제는 비참할 정도로 위기 상황이었고 그리고 곳곳에서 폭력이 발생했다. 세인트키츠에서 1935년 제당 산업 노동자들이 임금 인상과 복지를 요구하며 파업을 감행했다. 똑같은 일이 세인트빈센트에서 발생했다. 세인트루시아의 카스트리스(Castries) 지역에서는 석탄 운송업자들이, 그리고 1937년에는 트리니다드 오일 노동자들이 파업을 감행했다. 노조 지도자였던 우리아 버틀러(Uriah Butler)가 체포되었고 그리고 몇몇의 투쟁가들이 살해되었다. 트리니다드에서 노조 조직가였던 클레멘트 페인(Clement Payne)이 추방당한 후에 바베이도스의 브릿지타운에서 폭동이 일어났다. 경찰의 강경 진압으로 많은 사상자가 또한 발생했다. 자메이카에서도 똑같은 일들이 발생했다. 노조원들은 보다 나은 복지와 노사 간 단체교섭권(collective bargaining rights) 획득을 위해 투쟁했다. 자메이카에서 노오만 맨리(Norman Manley), 알랜산더 부스타만트(Alexander Bustamante), 트리니다드에서 우리아 버틀러(Uriah Butler), 에릭 윌리엄스(Eric Williams), 바베이도스에서 그란틀리 아담스(Grantley Adams) 그리고 세인트키츠에서 로버트 브라드숀(Robert Bradshaw)과 같은 지도자들이 나타나기 시작했다. 정치 정당과 노조는 서로 협력하면서 발전하기 시작했다. 뜻있는 정치가들은 모든 국민을 위한 참정권과 흑인들에 대한 삶의 질 향상을 역설했다.

영국 정부는 1930년대의 이런 폭력 사태에 대한 반응으로, 1938년 유명한 모이네 위원회(Moyne Commission)를 설립, 서인도제도에서 발생하는 경제와 사회적 이슈들을 연구하기 시작해 그 대안을 찾기 시작했다. 위원회는 복지 국가 개념 및 사회 서비스의 확대를 통해 경제적 고통을 줄이고, 소요 및 폭동 사태를 진압해야하며 이를 위해 식민지를 위한 발전 프로그램에 더 많은 투자를 해야 한다고 권고했다. 위원회의 노력으로 식민지 복지 및 개발에 대한 법령이 1940년에 만들어져 이후 주택이나 교육 부분에 많은 도움을 주었다. 자메이카에서는 1944년 헌법 개혁이 뒤따랐고, 21세 이상의 모든 이에게 투표(참정권)를 허용하게 되었다.

06 제2차 세계대전(1939~1945)

제2차 세계대전은 카리브 지역에 역시 커다란 영향을 미쳤다. 많은 국가들이 전쟁에 동원되면서 전쟁 물자로 필요한 원자재 - 특히 보크사이트, 니켈, 원유 등 - 에 대한 수요가 급증하게 되었다. 대공황 이후에 떨어졌던 원자재 가격이 살아났으며, 일자리도 늘어나기 시작했다. 안정적인 제당 수출은 영국과 캐나다에 의해 보장을 받았으며 가격은 상승했다. 하지만 바나나나 담배와 같은 상품 수출은 화물 저장 공간의 부족으로 시들해졌다.

제2차 세계대전의 초기 국면에서 프랑스와 네덜란드의 식민 지배력은 독일에 의해 무너졌다(1940. 6월). 프랑스 및 네덜란드령 식민지에는 어떤 일이 발생할 것인가? 그들이 모두 독일령으로 변해 독일의 통제 하에 놓일 것인가? 영국은 카리브 영국령 식민지에 대한 독일의 침입을 막아내기 위해 분주해지기 시작했다. 하지만 카리브 식민지를 방어할 그 어떤 능력도 영국은 가지고 있질 못했다. 미국과 여타 다른 국가들은 카리브 지역을 지키기 위해 1940년 7월에 아바나 협정(the Act of Havana)에 사인을 하게 되었다. 본질적으로 먼로 독트린 - 서반구에 있는 어떤 영토도 다른 힘에 양도할 수 없다는 - 에 대한 재확인 절차였다. 캐나다의 군대가 카리브 지역으로 이동해 이러한 움직임을 더욱 강화시켰다. 이는 미국이 독일에 반대하는 연합국 모임 가입 - 1941년 12월 일본의 진주만 공격 이후 - 이전에 발생한 일로 카리브에 대한 미국의 방어 의지가 많이 담긴 일이었다. 1940년 9월 미국의 루즈벨트 대통령은 영국과 독일간의 전투가 최고조에 달했을 때, 미 구축함 50대를 보내어 영국을 도왔고 답례로 미국은 뉴펀들랜드, 버뮤다, 바하마 제도, 자메이카, 안티구아, 트리니다드 그리고 영국령 가이아나 등에서 군사적 기지를 확보했다. 결과적으로 섬들은 독일의 지배 하에 놓이지 않았지만, 이 지역들은 갈수록 미국에 의존하게 되었다. 네덜란드령 앤틸리스는 오일에 대한 높은 수요와 네덜란드 기업 자산의 섬들로의 이전으로, 특히 큐라소, 전쟁과는 무관하게 잘 유지되고 있었다. 마르티니크와 과들루프도 비시(Vichy; 비점령 지구의 임시 수도) 지배 하에 있어, 연합 봉쇄로 인해 독일이 지배하기에는 난관이 있었다.

제2차 세계대전의 더 많은 영향은 카리브 사람들의 전쟁 참가로부터 기인한다. 전쟁 참여에 대한 반대급부로 이 지역에 정치적 자유화가 진행되었다. 비록 초창기에 트리니다드의 버틀러(Butler) 같은 많은 활동가들이 제한을 받았지만, 수천의 앵글로 - 카리브 군대는 제국을 위해 그들의 목숨을 담보로 했고, 민주주의를 향한 그들의 발걸음을 급하게 재촉했다. 1944년 자메이카에서 모든 성인에 대한 참정권이 획득되었고, 1945년에는 트리니다드에서, 1950년에는 바베이도스에서 그리고 1951년에 다른 섬 국가에서도 이 권리는 소중하게 획득되었다. 1950년대에 들어와 선거를 통해 선출된 국민들의 대표가 의회 기관에서 일하게 되었다. 제2차 세계대전 이후 영국은 전쟁으로 지쳐있었고 카리브 국가들은 이 기회를 잘 활용하기 시작했다. 진정한 의미의 독립을 향한 길은 이제 막 그들 앞에 놓여있었다.

제3장

1945년 이후 카리브의 대외관계

20세기 들어 미국의 패권이 강화되자, 다른 국가들의 카리브 식민 지배는 퇴조하였다. 1898년 스페인은 푸에르토리코를 미국에 양도하였으며, 이후 곧바로 쿠바가 미국의 보호령이 되자 관타나모만의 기지도 미국이 획득하게 되었다. 미국이 파나마 운하를 건설한 후, 미국의 유명한 해군 전술가인 머핸(Mahan) 제독은 1914년 완성된 운하가 카리브를 단순한 기착지에서 대서양과 태평양을 연결하는 주요 항로로 탈바꿈시켰다고 평가했다. 1910년경 영국은 주요 영국 해군부대를 카리브에서 철수시켰으며, 이는 미국이 바닷길의 안전을 담보할 충분한 해군력을 확보하고 있다는 믿음에서 이루어졌다. 1917년 미국은 덴마크 소유의 카리브 섬들을 매입하여 미국령 버진 아일랜드를 만들었다.

제2차 세계대전 시 미국은 이 지역에 군사력을 강화하였다. 푸에르토리코에 루즈벨트 로드 해군기지와 새로운 공군기지가 완공되었다. 미국령 버진 아일랜드는 잠수함 기지 한 곳과 여러 비행 이착륙장을 갖게 되었다.[1] 영국의 동의하에 버뮤다, 바하마, 자메이카, 안티가, 세인트루시아, 트리니다드 그리고 남미의 가이아나에 기지가 건설되었다. 영국은 그 대가로 50척의 구축함을 받았다. 미국은 카리브해 지역이 안보에 필수적이라는 판단 하에 이 지역에 끊임없이 개입했다. 반면에 이 지역 국가들은 독립과 영토보전을 위해 노력했다.

이 지역은 여러 요인들로 인해 미국에 매우 중요하다. 전략적으로 볼 때 카리브 섬들은 유럽, 중동, 아프리카에서 미국 동부 해안, 멕시코만, 파나마 운하 진입로로 가는 주요한 무역로에 위치해 있다. 석유 자원을 비롯한 여러 전략물품들이 카리브해를 통해 운송되며 많은 원유가 이 지역에서 정제된다. 지리적 관점에서 섬들은 미국에 매우 인접해 있으며, 쿠바 경우는 플로리다로부터 겨우 90마일 지점에 있다. 역사적으로 영국이 아일랜드를 적으로부터 보호해온 것처럼, 미국도 카리브가 적의 수중에 넘어가지 않도록 노력해왔다. 이런 이유로 쿠바와 소련의 연대가 그토록 많은 논쟁과 문제를 불러일으켰던 것이다.

미국이 이 지역에 관심을 갖는 또 다른 이유는 카리브 지역에서 많은 이민자들이 건너오고 있으며, 현재 카리브 출신의 사람들이 미국에 많이 거주하고 있기 때문이다. 그 중에는 합법 이민자도 있지만, 불법 이민자도 많다. 예를 들면, 마이애미에 백만 명 이상의 쿠바 난민자들이 거주하고 있으며 그들 중 상당수는 카스트로 정부와의 관계 정상화에 적극 반대하고 있다. 미국 이주를 원하는 불법 쿠바 난민자들의 수는 지역 경제사정에 따라 변해왔다. 2005년에는 2,500명 이상의 난민자가 플로리다 해안을 밟았다. '마른 발(Dry Foot)' 정책에 의해 그들의 미국 거주는 허용되었다. 약 2800명의 쿠바인들이 해상에서 체포되어, '젖은 발(Wet foot)' 정책에 의해 쿠바로 돌려보내졌다.* 1994년 협정에 의해 매년 2만 명의 쿠바인들이 미국으로 합법 이주할 수 있다. 그러나 훨씬 많은 수가 해상이나 멕시코를 통해 미국 이주를 시도하고 있다. 뉴욕은 푸에르토리코 사람들의 집결지로서 미국 시민권자 자격에 의해 그들이 원할 때 왕래를 할 수 있다. 다른

---

* 1995년 미국의 클린턴 정부는 쿠바 정부와 협약을 맺고, 미국으로 밀입국하는 쿠바인들 가운데 바다에서 발견되는 사람들('wet foot')은 쿠바로 돌려보내거나 제3국으로 보내고, 일단 미국 땅에 발을 들여놓은 사람들('dry foot')은 정착을 허가하고 장기적으로 영주권과 시민권을 부여하기로 한다. 이를 'wet - foot, dry - foot' 혹은 'wet feet, dry feet' 정책이라 한다. 이는 미국으로 피신한 모든 쿠바인들에게 1년 후에 영주권을 부여했던 1966년의 '쿠바조정법령(Cuban Adjustment Act)'을 변경한 것이다(역주).

많은 카리브 이주자들도 푸에르토리코를 통해 미국에 입국한다. 뉴욕에는 도미니카공화국이나 아이티로부터 사람들이 몰려들고, 영어 사용 카리브 국가들의 이주자들은 미국의 북동부 지역에 정착하고 있다. 카리브 출신의 국제적 저명인사들로는 흑인 인권 운동가 마커스 가비(자메이카), 정치가 셜리 치솜(바베이도스), 말콤 엑스(그레나다 출신의 어머니), 전 국무장관 콜린 파웰(자메이카 출신의 부모님), 오스카 드 라 렌타(도미니카공화국 출신의 뉴욕 패션 디자이너), 그리고 배우 겸 가수 제니퍼 로페스(푸에르토리코)가 있다. 많은 이민자들은 다국적 정체성을 갖고 있으며 여러 문화적 배경 하에서 활동한다.

최근 카리브는 마약 운송 및 돈세탁 같은 불법 활동과 관련해 미국의 주목을 받고 있다. 카리브는 사실상 미국의 제3의 국경이며, 따라서 지속적 감시와 함께 공개 또는 비공개적 개입의 여지가 있는 곳이다.

01 제2차 세계대전의 영향

독일과 일본의 침공에 대항했던 미국과 소련의 임시동맹은 제2차 세계대전 이후에 곧 해체되었다. 이후 냉전이 시작되었고, 이데올로기 대립은 대규모 실전으로 이어지지는 않았지만, 세계 곳곳에서는 많은 대리전이 있었다. 공산주의는 중부유럽에서 '철의 장막'을 치고 자본주의와 대처하게 되었다. 소련은 동독을 포함한 동유럽을 손아귀에 넣고, 전 세계에 공산주의 확산을 시도하게 된다. 1947년의 트루만 독트린은 민주주의를 지지하며, 공산주의의 확산을 저지하고자 하는 미국의 의지를 확인시켰다. 미국은 마셜 플랜을 통해 서유럽의 재건을 도왔고, 유럽과 한국, 베트남에서 차례로 공산주의의 확산을 저지하고자 하였다. 미국, 캐나다, 대부분의 서유럽 국가들이 참여한 북대서양조약기구(NATO)는 소련과 위성국들 팽창을 막을 목적으로 1949

년 창설되었다.

미주기구(OAS)는 기원이 1890년으로 거슬러 올라가지만 1948년에 공식 헌장을 채택하여 미주국가 간 협력과 분쟁해결을 도모하였다. 라틴아메리카와 카리브의 32개국이 포함되었고, 창립 회원국인 쿠바는 1962년부터 제명되었다. 1954년 냉전이 한창일 때 미주기구는 '카라카스 선언'을 채택하여 미주 지역에서 국제 공산주의는 민주주의의 자유와 양립할 수 없다고 공표하였다. 대부분의 회원국은 결의안에 찬성하였지만, 멕시코와 아르헨티나는 기권하였고, 과테말라는 동의안에 반대하였다.

냉전 시대의 카리브는 어떠하였는가? 제2차 세계대전 이후에 '공산주의의 침투(creeping communism)'를 우려하고 있던 미국은 이 지역 우파정부를 지원하였고, 심지어 도미니카공화국의 라파엘 트루히요(1930~1961), 아이티의 파파 독(1957~1971)과 베이비 독(1971~1986)의 뒤발리에 가문, 쿠바의 풀헨시오 바티스타(대통령 1940~1944, 독재 1952~1959) 등의 독재 정권들도 옹호하였다. 우파 독재체제가 공산주의보다는 낫다고 본 것이다. 즉, 카리브 지역은 쿠바의 카스트로가 1959년에 집권한 이후 미국과 소련의 주요 전장이 되었다.

제2차 세계대전의 주요 결과 중 하나는 영국, 프랑스, 네덜란드 등 유럽 식민모국들이 이후 모두 쇠퇴하였다는 점이다. 정치 자유화와 탈식민지 요구가 거세졌고, 경제 환경의 악화로 유럽도 이에 호응하였다. 전쟁이 끝나기 이전에도, 영국령 카리브는 정치적 권리 확대를 요구한 바 있다. 전쟁 종료 후에는 완전 독립 이전 단계로, 참정권 확대와 지역문제에 확대된 자치권을 갖는 대의제 정부 설립을 요구하는 운동이 점차 거세졌다.

1946년에 마르티니크와 과들루프가 본국에는 선출직 의회를 두고, 프랑스 상하원에 대표를 갖는 프랑스의 해외현이 되었다. 프랑스는 미국의 저의와 이 지역 팽창을 우려하여, 자국 카리브 식민지들을 자국영토로 편입하고자 하였다. 1954년 네덜란드령 앤틸리스 제도가 내부 문제 관할권을 갖는, 네덜란드 왕국의 동등한 일부로서 자치권을 인정받았다.

반면 1947년 미국은 푸에르토리코에서 '부트스트랩 작전(Operation Bootstrap)'을 통해 경제와 산업발전을 도모하였다. 1948년에 푸에르토리코의 첫 선출직 지사에 당선된 루이스 무뇨스 마린은 섬의 저임금과 낮은 세금을 활용하여 산업화를 추진하였다. 커피, 설탕, 담배의 농업경제는 높은 생활수준을 담보할 수 없을 것으로 보였다. 인민민주당(Popular Democratic Party)의 마린은 성공적으로 정책을 수행하고 재선되어 1964년까지 지사직을 역임했다. 1952년 푸에르토리코는 미국의 자치령이 되어, 자치정부는 내정을 담당하고 국방, 세관, 외교 문제는 미국이 관장하고 있다.

02 쿠바혁명과 냉전

1950년대의 쿠바는 1952년 군사 쿠데타를 통해 정권을 잡은 풀헨시오 바티스타(1901~1973)의 부패한 독재체제에 대한 사회경제적 불평과 불만이 고조되어 위기상황이었다. 인플레이션과 실업률이 매우 높았으며, 부는 소수에게 집중되어 있었다. 농촌 빈곤과 도시빈민이 광범위했다. 미국 관광객과 유명 인사들이 쿠바를 방문하고 있었지만, 경제는 다양성을 확보하지 못하고 설탕에만 의존하고 있었다. 도박과 매춘만이 번성했다. 미국의 자국 이해 관철 시도는 매우 강압적이었고, 민족주의적 감정을 부채질했다. 외국인의 경제 통제는 반발을 불러 일으켰다.[2] 쿠바는 서반구에서 미국과 소련 간 냉전 대립의 전장이 될 수 있었다.

변호사 교육을 받은 피델 카스트로는 원래 스페인에서 이민와 미서 전쟁에 참여한 설탕 농장주의 서자였다. 카스트로는 1953년 7월 26일 산티아고 데 쿠바에 위치한 몬카다 병영 공격을 지휘함으로써 바티스타 체제에 도전하였다. 카스트로는 15년형을 선고 받고 2년을 복역한 후 사면받아 망명생활을 주로 멕시코에서 보내게 된다. 거기서 아르헨티나에서 건너온 에르네스토 체게바라와 혁명을 다시 계획한다. 1956년 약 80명의 대원들과 함께 그란마호를 타고 쿠바로 귀환한다. 그러나 도착시 바티스타 군대의 공격으로 거의 전원이 사망하고, 생존자들은 쿠바 남동부의 시에라 마에스트라 산맥에서 게릴라 활동을 시작하였다. 카스트로의 활동들과 다른 반군활동이 성공적으로 수행되어 1959년 반체제 대중봉기가 발생했다. 바티스타는 도미니카공화국으로 망명했으며 카스트로는 정권을 접수하고, 처음에는 미국의 암묵적 승인을 받았다.

쿠바 내부에서 혁명에 참여했던 쿠바사회의 다수들, 즉 도시 프롤레타리아, 농촌 농민들 그리고 실업자와 근로자들은 사회의 급진적 변화를 요구하고 있었다. 사회의 경제정의 실천 기대가 높아졌다. 총리직을 맡은 카스트로와 혁명정부는 노동계약을 재협상하고 사탕수수 농민들을 포함한 다수의 임금을 인상했다. 보건과 교육 개혁도 예정되었다. 흑인에 대한 법적 차별도 철폐되었다. 집세는 삭감되고, 전기와 전화세도 인하되었다. 1959년 5월 농업개혁법이 대토지를 국유화하였고 이는 카스트로 가문의 농장도 포함하였다. 동법은 협동조합과 국영농장을 창설하였다. 국영화로 인해 대농장주들과 경작지의 상당부분을 소유했던 미국 소유 설탕회사들은 타격을 받았으며, 쿠바 정부는 20년 만기 쿠바정부 채권으로 보상을 제안하였다. 바카디 럼 회사를 포함한 기업들을 정부가 인수하였다. 바카디 사는 푸에르토리코에서 생산을 계속하였다. 미국 관리들은 유감을 표시하고 미국 시장에 대한 설탕수출 쿼터가 축소될 수 있다고 경고했다. 미국의 반응에 대해 카스트로는 설탕시장 보장과 함께 저렴한 석유제공을 약속한 소련에 눈을 돌리게 된다. 1960년 2월 카스트로는 5백만 톤의 설탕 판매를 소련과 계약하게 된다. 소련 진영으로 이동이 계속되었고, 카스트로 체제의 지지와 인력 보강을 위해 쿠바공산당에 더 의지하게 되었다. 다른 독재자들과 마찬가지로, 그는 정치적 반대자 및 바티스타 정권 타도에 함께했던 많은 지지자들을 훗날 숙청하거나 투옥시켰다.

1960년 쿠바 정부는 미국 기업인 스탠더드 오일 및 텍사코에 더 저렴한 소련 원유를 정제할 것을 지시하였다. 기업들이 거부하자, 쿠바 정부는 정유소들을 국영화하게 된다. 이에 미국은 설탕쿼터를 배정하지 않는 방식으로 보복하고, 카스트로는 추가로 미국기업들, 공공재, 설탕공장, 은행, 호텔 등을 보상 없이 국영화하는 방식으로 대응하였다. 미국은 식량과 의약품을 제외하고는 대 쿠바 수출을 금지하였다. 1961년 미국은 쿠바와 외교관계를 단절하고, 쿠바는 소련 진영과 더욱 강력히 유대관계를 구축하게 되었다.

쿠바 사태는 냉전을 서반구와 카리브해로 확대시켰다. 미국은 먼저 외교적으로 쿠바를 고립시키려 하였다. 이후 군사적 해결방안이 모색되었다. 1947년 창설된 CIA는 약 1500명의 마이애미 쿠바 망명자들을 활용해 카스트로를 제거하는 '비밀 작전'을 세웠다. 1961년 4월 17일 쿠바 대중의 동조시위를 기대한 반군이 쿠바 남부해안인 피그만에 상륙하였다. 그러나 지지시위는 없었고, 미국은 약속했던 항공지원을 철회했고, 결국 작전은 실패했다. 수일 내에 대부분 반군이 살해되거나 체포되었다. 천 명 이상이 재판에 회부되어 투옥되었지만, 이후 5천만 불 이상의 미국 식량 및 의약품과 함께 교환되었다. 미국은 무기력해 보였고, 쿠바 내부에서 카스트로의 주가는 상승했으며, 국제적으로 반미 국제연대가 형성되었다.

쿠바는 소련 진영에 더욱 가까워졌다. 자유선거와 언론이 존재하지 않았다. 남아있던 반대그룹은 투옥되었고, 많은 쿠바인들은 섬을 떠나 플로리다로 향했다. 쿠바 아바나 대학의 교수진 절반 이상이 쿠바를 떠날 것을 조언하였고, 많은 수가 미국에 정착하였다.[3] 1960년에서 1962년 사이 6만 명 이상의 쿠바인들, 대부분 중산층 전문직 종사자들과 기술자들이 매년 쿠바를 떠났다. 체제 반대자들은 이주하며 망명생활이 그리 오래가지 않을 거라 생각했지만 혁명은 공고화되고 있었다. 몇몇 평론가들은 쿠바 혁명이 사회주의 혁명으로 진화했다고 믿는다. 쿠바사 권위자인 루이스 A. 페레스씨는 쿠바가 처음부터 사회주의 길을 걸을 계획은 없었으며, 원래 의도했던 것보다는 상황대응적으로 발생한, 즉 계산된 계획이 아닌 즉흥적으로 시행된 것이라 주장한다.[4] 카스트로 자신을 포함한 다른 사람들은 자신은 항상 마르크스주의자였다고 말할 수도 있다. 1961년 12월 카스트로는 자신을 마르크스 레닌주의자로 선언하였다.

쿠바와 미국 간의 관계는 미국의 무역봉쇄 조치가 쿠바에 영향을 미치자 더욱 악화되었다. 미국은 다른 국가들도 같은 조치를 취해주길 원했다. 미주기구는 1964년부터 1975년까지 봉쇄조치를 지지했다. 쿠바경제가 산업 인프라와 운송시스템에서 미국 부품회사들에 의존하고 있었기에 쿠바의 산업과 제조업은 많은 타격을 받았다. 그리고 1962년 가을, 항공사진으로 소련이 쿠바에 무기를 공급중이며 탄도미사일 기지를 건설하고 있다는 것이 확인되었다. 존 F. 케네디 대통령의 미국 정부는 소련 선박들이 공격용 무기(아마 원자탄두)를 싣고 쿠바로 향하고 있다는 것을 인지했다. 따라서 미국 해군은 쿠바를 봉쇄하고, 후루시초프의 소련 정부에 미국 도시들을 위협하는 미사일 기지를 폐쇄할 것을 요구했다. 핵전쟁이 임박했었다. 이 사건은 세계가 핵전쟁에 가장 근접했던 순간이라고 평가된다. 결국 합의가 이루어졌다. 소련은 쿠바 미사일 기지건설을 중단했고, 미국은 봉쇄를 철회하고 쿠바를 침공하지 않기로 약속했다. 소련을 위협했던 나토의 미사일들은 터키로부터 철수되었다. 카스트로는 소련과 미국 간 회담에 참여하지 못한 것을 유감스러워했지만, 초강대국 간의 현실 정치게임은 명확했다. 카스트로는 보복으로 사회주의 중국과 한때 밀월관계를 유지했지만 소련은 여전히 쿠바의 최대 무역파트너이자 기부자였다.

1961년 케네디정부는 '진보를 위한 동맹'을 결성하여 카리브와 라틴아메리카의 경제발전을 지원하고 카스트로를 고립시켰다. 우루과이의 푼타 델 에스테 회담에서 동맹이 출범하였고 이 회담에는 쿠바를 제외한 아메리카의 모든 국가 대표들이 참여하였다. 미국은 지역 국가들에 경제지원과 동기부여를 통해 잠재적 위협에 대응하고 지지를 얻으려 하였다. 진보를 위한 동맹은 민주주의 발전 도모, 경제발전 지원, 1인당 소득수준 향상, 농업개혁 추진, 교육·주거·보건의 향상을 위해 10년 프로그램으로 설계되었다. 미국은 국제개발기구(Agency of International Development)를 통해 100억 달러 이상을 지원하였지만, 실상 많은 지원금액이 개혁의 추진보다는 기존체제의 보존에 사용되었다.

1960년대와 70년대에 소련은 쿠바에 무역지원과 원조를 제공하였다. 쿠바 설탕을 국제시세 보다 높은 가격으로 소련이 구입하였고, 소련의 원유가 쿠바에 낮은 가격으로 제공되었다. 1969년 카스트로는 '천만 톤 설탕수확' 프로그램에 전 국민을 동원하였고, 인력과 자원이 투입되었다. 그러나 목적은 달성되지 못하였다. 소련은 기술과 산업현대화 부문에서 쿠바의 경제발전을 계속 지원하였다. 쿠바는 공산주의 후견국가들에 많은 외채를 지고 있었다. 미국은 수차례 CIA를 통한 카스트로 암살기도 등으로 쿠바의 혼란을 꾀하였지만 오히려 쿠바 민족주의만 강화시켰다. 1970년대 쿠바공산당은 권력이 더욱 강화되

고 당원수도 증가하였다.[5]

냉전시대의 다른 지역과 마찬가지로, 카리브에서 미국의 노력은 공산주의 확산을 막는데 집중되었다. 1960년 전직 의사이자 아이티의 아프리카 혈통 주창자인 아이티 전제적 대통령인 '파파 독' 뒤발리에가 소련의 원조에 관심을 보이며 미국의 우려를 자아냈다. 그는 신공항 건설에 미국의 자금지원을 받았다.[6] 좌파 정치의 확산 우려와, 제2의 쿠바 등장 저지에 매달린 미국은 1965년 도미니카공화국에 개입하였다. 당시 상황은 1963년 대통령이자 도미니카 혁명당의 당수였던 후안 보쉬 대통령이 그의 사회주의적 성향을 우려한 군부와 보수 엘리트들에 의해 추방됨으로써 매우 복잡했다. 1965년 보쉬의 지지자들은 그의 복귀를 위해 시위를 벌였고, 도미니카공화국은 폭력사태에 직면해 있었다. 린든 존슨 대통령은 질서유지를 위해 2만 명의 해병대를 파견했다. 미주기구가 구성한 미주연합군이 이후 파병되었다. 부정선거로 보쉬 지지자들은 오히려 세력이 약화되었고, 전임 트루히요 대통령 지지자인 우파의 호아킨 발라게르가 1966년 대통령으로 선출되었다. 군부, 기업계, 미국은 그의 선출을 환영하였다. 발라게르 정부는 미국으로부터 수백만 달러의 원조를 받았다. 미국은 필요시 군사력을 통해 지역에 개입하겠다는 의지를 보여주었다.

쿠바는 제3세계의 리더가 되기 위해, 1960년대와 70년대에 독자적 외교정책을 추진하였다. 쿠바의 기술자, 의사, 엔지니어, 교사 등이 세계 각국의 사회와 경제 프로젝트에 지원되었다. 라틴아메리카와 카리브 지역에서는 과테말라, 콜롬비아, 베네수엘라, 페루 그리고 볼리비아의 반군 게릴라를 지원하였다. 아프리카에서는 1975~1976년 동안 러시아제 탱크로 무장한 수천 명의 군대를 파견하여 앙골라해방 인민운동(MPLA)를 지원하였다. MPLA는 서구 국가들이 지원하는 앙골라 완전독립민족연합(UNITA)와 싸우고 있었다. 쿠바 군대는 1990년까지 앙골라에 주둔했다. 1978년 쿠바 군대는 에티오피아로 파병되어 소말리아의 침공을 저지하였다.

국제무대에서 쿠바의 위상은 인도가 참여한 비동맹운동 정상회의를 개최한 1979년 절정에 이르렀다. 회담의 의장을 맡은 카스트로는 제3세계 리더로 자신을 조명하며, 제국주의적 침략에 강력히 반대했다. 그러나 수개월 후 쿠바의 동맹국이자 지원국인 소련이 가난한 제3세계 국가인 아프가니스탄을 침공했다. 쿠바는 소련을 규탄하는 UN 투표에 찬성할 수 없었으므로 비동맹국들 사이에 쿠바의 위상은 하락하였다.

미주대륙에서 쿠바는 다시금 동맹군을 얻는 듯 보였다. 1979년 7월 다니엘 오르테가가 이끄는 마르크스주의 성향의 산디니스타가 니카라과에서 정권을 획득하고 독재자 아나스타시오 소모사를 추방했다. 같은 해 그레나다에서는 모리스 비숍의 좌파 NJM(New Jewel Movement)이 에릭 게이리(전직 노조 지도자) 수상 정부를 전복하고 권력을 장악했다. 미국이 지원한 게이리 정부는 부패하고 탄압을 일삼았으며, 반대자들을 위협하기 위해 '몽구스 갱'으로 알려진 민병대를 사용했다. 런던에서 교육받은 변호사인 모리스 비숍은 사회경제적 상황을 개선하고 쿠바와 협력하길 원했다. 1983년 버나드 코어드가 이끄는 더욱 전투적 성향의 마르크스주의 그룹이 비숍을 체포, '재판'하고 처형했다. 그리고 인구 10만명의 그레나다를 점령했다. 쿠바가 그레나다에 기지를 건설함에 따라 냉전의 긴장은 점증했다. 영연방 카리브 지도자들(특히 도미니카의 유지나 찰스 수상)의 촉구에 따라, 미국의 로널드 레이건 대통령은 그레나다에서 마르크스주의자들을 제거하고 민주주의를 복원하기 위해 군대를 파견했다. 미국은 영국에 자문을 구하지 않고(반발을 불러일으킴) 미국 의과대학생들의 생명을 구한다는 명분하에 그레나다에 군대를 파견했다. 미국은 카리브에 또다른 공산주의 체제를 용납하지 않을 태세였고, 쿠바가 살리나스 곶에 건설 중인 공항이 군사적 목적으로 사용될 것을 우려하였다. 이 사건은 카리브해에 있는 어떤 섬도 크기와 상관없이 미국에게 전략적 군사적으로 중요함을 보여주었다. 그레나다는 카리브해의 마지막 냉전의 전장이었다.

그레나다 침공 이후 미국은 지역 내 우방들을 위한 경제발전 지원계획을 세웠다. 1984년에 카리브원조계획(CBI)이 시작되었다. 이 프로그램은 쿠바나 니카라과를 포함하지 않는 다른 카리브 국가들에게 좋은 조건의 대출과 투자를 제공하였다. 지역 내 생산된 의류는 미국시장 진입시 부가세만 지불하면 되었고, 관세면제가 몇몇 상품으로 확대되었다. 도미니카공화국과 자메이카가 가장 혜택을 많이 받았으나, 전체 투자규모는 실망스러운 수준이었다.

03 앵글로 카리브지역의 탈식민지와 독립

제2차 세계대전은 유럽 제국들의 국력을 약화시켰다. 제2차 세계대전 이후 20년 동안 대영제국 경계안의 국민수가 7억에서 5백만으로 줄어들었고 이중 3백만은 홍콩 인구였다.[7] 제2차 세계대전 이후의 정서는 반식민지 기류였고, 특히 미국에서 이런 정서가 강했다. 인도와 파키스탄이 1947~1948년 사이 가장 먼저 독립을 쟁취했다. 이후 카리브와 아프리카에서 탈식민지가 계속되었다. 서인도 연방의 실패(다음장에서 다루어짐) 이후 자메이카와 트리니다드 토바고가 1962년 독립하였다. 바베이도스와 가이아나는 1966년 독립국이 되었다. 많은 다른 국가들은 1970년대에 완전독립하기 이전 영국의 자치령으로 있었다. 바하마 1973년, 그레나다 이듬해, 도미니카 1978년, 세인트 루시아와 세인트빈센트가 1979년 독립하였다. 앤티가 바부다 그리고 세인트 키츠 - 네비스는 1980년대 초 독립하였다. 화산으로 뒤덮인 몬트세라트, 터크스케이커스, 오프쇼어 금융의 케이맨제도, 그리고 영국령 버진 아일랜드와 같은 소규모 영토들은 영국 시민권을 부여하는 영국의 해외영토이다.

독립한 카리브 국가들은 국제무대에서 아젠다를 제시하려 했지만 냉전의 양극화된 환경에서 부각되기 어렵다는 것을 깨달았다. 쿠바 모델의 확산을 우려한 미국은 '우리와 함께하지 않으면, 우리를 반대하는 것이다'라는 관점을 내세웠다. 미국은 사회주의, 심지어 사회민주주의의 확산도 두려워했으며 반감을 드러냈다. 이는 자메이카의 경우에 두드러졌다.

영국령으로부터 독립은 대부분 혁명적 사건이 아닌 평화적이고 우호적 분위기하에서 진행된 진화적 과정의 결과였다. 카리브 국민들은 1930년대와 40년대에 독립의 씨앗을 뿌린바 있다. 이때 자메이카의 알렉산더 부스타멘테와 노먼 맨리, 바베이도스의 그랜틀리 아담스와 에롤 바로우가 노조와 정치단체를 조직하여 변화를 모색하였다. 새롭게 독립한 대부분의 카리브 국가들은 영연방의 일원이 되기를 선택하였다. 영연방은 현재 인도, 파키스탄, 나이지리아를 포함한 전세계 54개국이 참여한 구 영국식민지 국가들의 조직으로서 전세계 인구의 3분의 1을 포괄하고 있다. 영연방의 10개국이 카리브 국가들로서 자메이카, 트리니다드 토바고, 바베이도스, 바하마, 그레나다, 도미니카, 세인트빈센트, 세인트 루시아, 앤티가 바부다, 세인트 키츠 - 네비스가 포함된다. 이외에 영국 해외영토가 있다. 트리니다드 토바고를 제외한 대부분 국가들이 엘리자베스 2세를 국가원수로 인정하고 있다. 영연방의 핵심원칙은 민주주의, 인권, 선정(good governance), 법치 그리고 지속가능한 발전에 의한 환경보호이다. 영연방은 또한 경제발전 네트워크를 제공한다. 캐나다 정부와 기업들은 카리브 지역에 많은 투자를 실시하였으며, 캐나다 은행들이 이 지역에 많이 진출해있다.

미국의 역할이 증대함에 따라 카리브에 대한 영국의 영향력은 감소하여 왔다. 지금까지 살펴본 바와 같이, 이와 같은 지정학적 사실은 1983년 미국이 영국에 자문을 구하지 않고 그레나다를 침공하였을 때 분명해졌다. 프랑스와 네덜란드도 제2차 세계대전 이후 식민지들이 모국과 완전한 정치적 동반자로 탈바꿈하도록 하며, 이 지역에 제한된 역할을 해왔다. 그러나 프랑스 네덜란드와 이 지역 자치령 간에 강한 경제적 유대관계가 존재한다. 재정적 도움은 프랑스와 네덜란드 자치령들을 지역의 최고 부국으로 만들었다.

04 냉전 이후

1990년대 들어, 소련이 해체됨에 따라 쿠바는 소련의 원조 중단에 적응하는 과정에서 큰 위기에 직면하였다. 값싼 원유, 기계류, 비료 등의 공급이 중단되었다. 또한 우호적 대외신용 지원이 고갈되었다. 쿠바 정부는 스페인, 캐나다, 멕시코, 중국과의 무역관계 및 투자를 강화하는 방식으로 대처하였다. 쿠바는 유럽, 캐나다, 그리고 라틴아메리카의 관광객들을 받아들였다. 미국은 쿠바와 거래하는 외국기업들을 처벌하는 헬름스버튼법을 1996년 통과시키며 경제제재를 강화하였다. 다른 국가들은 미국의 위협을 무시하며 쿠바와 비즈니스를 지속하여 카스트로는 생존할 수 있었다.

반면에, 1990년대 초 아이티는 로마 가톨릭 사제로서 대통령에 당선된 장 베르트랑 아리스티드가 군 쿠데타로 축출되었다. 아리스티드는 정치경험이 전무했으며, 대중에 대한 선동적 발언으로 군 지휘관들을 포함한 중상위 계층을 위협하였다. 아이티 국민들이 보트를 타고 미국으로 향하자, 미국은 혼란을 진정시키기 위해 사태에 개입하였다. 아리스티드는 1994년 직위에 복귀했다. 민주정부의 수립에도 불구하고, 아이티는 경제사회적 문제가 상존했고, 부패가 만연했다. 효과적 개혁조치가 실시되지 않음에 따라, 1997년 국제원조가 중단되었다. 최근 부시행정부는 2004년 시위와 혼란이 격해지자 아리스티드 대통령을 '설득해' 아이티를 떠나도록 했다. 미주기구는 주로 브라질과 칠레에서 파견된 병사들로 구성된 군대를 주둔시켜 평화를 유지하고 있다. 2006년 2월의 선거는 안정의 희망을 가져다주었다.

2001년 9월 11일 테러 공격 이후 미국은 아프가니스탄과 이라크에 전념해 있어, 서반구에 관심을 기울이지 못하고 있다. 카리브는 전보다 소홀히 다루어지고 있다. 그러나 지역의 전략적 중요성은 여전히 미국 국익에 중요하다. 게리 엘보는 카리브와 관련한 미국 정책입안자들의 핵심 안보이슈를 네 가지로 정리하였다:

- 지역의 정치 안정이 중요하다.
- 자원에 대한 접근, 특히 이 지역에서 정제되거나 카리브를 통과하는 석유자원이 미국 경제에 필수적이다.
- 이 지역에서 미국으로의 이민은 감시되고 통제되어야 한다.
- 카리브에서 생산되거나 지역을 통과하는 마약의 흐름이 끊임없이 감시되어야 한다.[8)]

아이티와 쿠바 두 국가는 이 문제들이 미국에 중요함을 보여준다. 아이티는 정치적으로 불안정하고 경제적으로 매우 빈곤하다. 이 상황은 미국이민을 부추기며, 도미니카공화국을 비롯한 이 지역에 문제를 발생시키고 있다. 아이티 이민자들은 미국으로의 직접 이민 또는 푸에르토리코를 통해 이주하고자 한다. 아이티의 빈곤은 정치적 불만을 고조시키며, 마약, 갱 그리고 테러행위의 범죄를 증가시킨다.

쿠바는 카스트로가 사라질 때 미국에 문제를 가져올 것이다. 쿠바에서 신정부로의 이행은 정치적 혼란을 발생시킬 것이다. 미국은 개입할 것인가, 아니면 상황이 진행되는 대로 방치할 것인가? 마이애미에 있는 쿠바 망명자와 그들의 자식들 및 3세대는 카스트로 체제의 종식에 어떻게 반응할 것인가? 어떤 방식으로 그들이 미국의 정책에 영향을 행사할 것인가? 분명 카스트로가 사라질 때, 망명자들은 체제 전환 압력을 행사할 것이며 마르크스주의 체제의 지속을 원치 않을 것이다. 그러나 자산을 몰수당했던 사람들이 보상과 반환을 위해 제소를 할 것이므로, 체제 변화는 경제적 혼란을 낳을 것이다.

지역 내 미국의 패권에 도전자가 있는가? 베네수엘라의 우고 차베스 대통령은 라틴아메리카의 리더가 되고자 하는 야망을 품고 있다. 베네수엘라는 석유자원에 기반하여 네덜란드 ABC 섬들 - 아루바(Aruba), 보네르(Bonaire), 큐라소(Curaçao) - 과 오랜 경제 유대를 맺고 있다. 베네수엘라는 영국의 구 식민지 가이아나와 국경분쟁을 하고 있다. 차베스 대통령은 부시 행정부와 미국의 자유무역정책에 대해 반대를 천명해 왔으며, 최근 2006년 유엔총회에서 이를 밝혔다. 이 자리에서 차베스는 반미주의에 대해 몇몇 라틴아메리카 지역 국가들의 지지를 받았다. 그는 낮은 가격에 석유를 쿠바와 다른 카리브 국가들에 제공하며, 석유를 활용해 친구를 만들고 지역 정치에 영향력을 행사하고 있다. 차베스는 최근 뉴욕과 메사추세츠의 저소득 계층에 할인된 가격의 석유를 제공함으로써 언론의 주목을 받았다. 부시 행정부는 이를 달가워하지 않았지만, 미국 북동부 지역은 이를 환영하였다. 카스트로는 베네수엘라에 동맹군을 얻었고, 두 카우디요는 미국 패권에 반대하는 세력들의 구심점이 될 수 있을 것이다. 볼리비아에서 사회주의 리더인 에보 모랄레스가 최근 대통령에 당선되었다. 그는 카스트로와 차베스의 우군을 자처하며 미국 패권에 공개적으로 반대하였다. 코카 재배 농민이었던 그 자신이, 미국이 지원하는 코카 재배 근절 프로그램을 중단할 것을 약속하였다. 코카는 코카인의 원료이다. 모랄레스는 천연가스를 비롯한 볼리비아 자산을 볼리비아인이 소유하도록 할 것이라 약속하였다.

이 지역에 중국이 개입할 가능성이 있는가? 중국 경제는 빠른 속도로 성장하고 있으며, 지속적 경제성장을 위해서는 식량과 금속(예를 들면, 쿠바의 니켈)같은 천연자원이 필요하다. 중국은 현재 미국보다 더 많은 구리를 칠레로부터 구매하고 있으며, 중국의 원자재 수요가 라틴아메리카와 카리브의 원자재 가격을 인상시키고 있다. 중국과 대만이 경제발전 프로그램 지원 등을 통해 유엔 투표 등에서 우방을 확대하고자 하는 정책을 추구하여 왔다. 그 결과 기존에 중국과 카리브 국가들 간에 유대 관계가 존재했었다. 그레나다와 도미니카가 중국과 대만의 투자를 유치한 바 있다. 중국과 쿠바는 이데올로기 측면에서 우방이며, 관계증진의 가능성이 있다. 중국은 카리브를 여러 가능성의 지역으로 평가하고 있다. 2007년 크리켓 월드컵이 다가옴에 따라, 중국은 앤티가, 그레나다 그리고 자메이카에 새 크리켓 시설 건설을 재정적으로 지원하고 있다. 중국은 달러외교의 효율성을 실감하고 있다. 반면 위에서 언급된 것처럼, 미국은 중동과 아프가니스탄에 집중하면서 카리브 지역에 현재 관심이 소홀한 상태이다.

제4장

제2차 세계대전 이후의 정치

제2차 세계대전 이후, 카리브 국가들은 우파 독재, 공산주의 체제, 자유민주주의, 해외영토(dependent states)*까지 다양한 정부 형태와 정치이념을 경험하였다. 이 지역이 정치와 경제의 안정 도모라는 공통문제에 직면한건 사실이지만, 비평가들은 카리브 지역 정치를 모두 유사한 것으로 일반화시키는 경향이 있다. 많은 영국 식민지들은 수백 년의 유럽 통치 이후 독립을 획득했지만, 소규모 영국령 제도들은 아직 영국에 속한다. 또한 프랑스와 네덜란드의 구 식민지들도 식민 모국과 유대관계를 발전시켰지만, 자치를 획득하였다. 미국은 카리브에서 여전히 지배적 역할을 하고 있다. 푸에르토리코와 미국령 버진 아일랜드를 소유하고 있으며, 지역 전체적으로 강한 영향력을 보유한다. 쿠바에서는 군사기지와 군형무소의 역할을 하는 관타나모 기지를 보유하고 있다. 도미니카공화국은 권위주의 체제에서 제한적 민주주의로 이행하였으며, 아이티는 효율적이며 평화적인 정국운영이 매우 어려운 상태가 지속되고 있다. 쿠바의 공산주의 지도자 피델 카스트로는 우익 독재자 풀헨시오 바티스타를 축출하고 공산주의 체제고 이양시켰다. 카스트로는 1959년 집권하여 서반구에서 가장 오랜 기간 권좌에 머무른 정치인으로 등극하였다. 그리고 아이젠하워 대통령부터 현재의 부시 대통령까지 오랜 기간의 미국 내 권력변화를 카스트

* 앵귈라(Anguilla)의 경우처럼 세계대전 이후 독립하지 않고 식민모국의 해외영토로 남은 곳을 말한다. 반면에 트리니다드 토바고는 영국으로부터 독립하였다(역주).

\로는 동생 라울 카스트로와 함께 지켜봐왔다.*

1945년 제2차 세계대전 말미에 카리브해의 유럽제국들, 프랑스, 독일 그리고 영국의 지역 패권이 약화되었지만 정치권력은 그대로 유지되고 있었다. 세계대전 기간 동안 프랑스와 네덜란드는 독일에 점령되었지만, 카리브의 식민지들은 독일 수중에 넘어가지 않았다. 프랑스령 영토들은 비시(Vichy) 임시정부 체제**하에 관리되었다. 네덜란드의 식민지들은 런던에 망명 중이던 정부와 윌헬미나(Wilhemena) 여왕의 통치를 받았다. 독일의 약탈을 우려한 많은 네덜란드 기업들은 큐라소(Curaçao)***와 같은 앤틸리스의 섬으로 자산을 이동시켜 '오프쇼어 금융업'을 시작했다.

전쟁이 끝나자 프랑스와 네덜란드는 카리브 영토들을 모국 중앙 정치에 포함시켰다. 프랑스는 '동화(Assimilation)' 정책을 선호하였으므로, 1946년 과들루프 및 마르티니크가 국민투표를 통해 프랑스와의 정치동맹안을 통과시키자, 두 곳을 프랑스의 해외주(Overseas department)로 선포하고 프랑스 국내 주와 같은 지위를 갖도록 하였다. 마르티니크와 과들루프 사람들은 프랑스 시민이 되었다. 마르티니크의 유명한 시인이자 마르크스주의자인 아이메 세자르(Aimé Césaire)는 정치활동에 적극적이었다. 그는 제2차 세계대전 이후 섬의 경제 사회상황에 실망하여, 진보당과 함께 자치권 확대를 주장하였다. 그러나 1962년

---

* 50년 가까이 쿠바를 통치해왔던 카스트로는 2006년 7월 장출혈로 수술을 받게 되어 국정을 동생 라울 카스트로 국방장관에게 위임하였다. 그리고 2008년 2월 19일 국가평의회 의장직과 군 최고사령관직에서 사임하였다. 이로써 쿠바혁명이후 계속된 카스트로의 통치는 종결되었다(역주).

** 비시는 프랑스 중부의 도시로서 제2차 세계대전 중 임시정부가 설치된 곳이다(역주).

*** 큐라소(Curaçao)는 네덜란드령 앤틸리스 제도인 이른바 ABC 제도 - 아루바(Aruba), 보네르(Bonaire), 큐라소(Curaçao) - 중 가장 면적이 크고 많은 인구를 보유한 섬이다(역주).

국민투표에서 주민 다수는 현상태 유지에 찬성표를 던졌다.

오늘날 마르티니크와 과들루프의 국민들은 파리의 의회에 네 명의 하원의원과 두 명의 상원의원을 두고 있다. 각 섬의 지역 정부는 직접 선거로 선출된 광역의회와 지방의회로 운영되며, 지역 시장과 의원들이 섬 정치를 담당하고 있다. 과들루프와 마르티니크는 EU와 프랑스로부터 보조금을 받아 상대적으로 풍요로우며, 양질의 사회 서비스를 제공하고 있다. 유럽시장으로 관문 역할과 유럽연합에 이주하고자 하는 사람들의 집합처 역할도 하고 있다. 지역민과 유럽인들간의 인종적 갈등도 존재한다. 두 섬 모두 유럽연합에 속하며 유로화를 사용하고 있다. 그들의 우편주소는 '프랑스'로 되어있다.

네덜란드령 앤틸리스 제도(아루바, 보네르, 큐라소, 세인트마틴, 신트외스타시우스섬, 사이바섬)는 1954년 자치정부를 획득하였으며, 네덜란드 내 다른 주들과 동일한 지위를 갖는 네덜란드 왕국의 일원이 되었다. 정부수반은 네덜란드 국왕이며, 주지사가 국왕을 대표한다. 네덜란드 입장에서는 (수리남이 1975년에 독립국가가 된 것처럼) 앤틸리스의 식민지들이 연방에서 탈퇴해 독립하길 바랐을 수도 있지만, 그렇게 되지 않았다. 아루바는 독립을 희망하였지만, 큐라소로부터 지배당하는 걸 거부하며, 1986년에 네덜란드령 앤틸리스 제도에서 분리되어 왕국의 자치령이 되었다. 세인트마틴도 아루바의 선례를 따랐다. 이들 섬에서는 정기적으로 국민의 의사를 묻는 국민투표가 열린다. 완전한 자치, 네덜란드와의 통합, 완전 독립, 왕국과의 평등한 파트너십의 현상태 유지 등의 여러 선택안들이 주민들에게 주어진다. 최근 투표에서 대부분의 사람들이 현상 유지를 선택하였으며, 이는 네덜란드령 앤틸리스가 네덜란드 왕국의 경계안에 머물러야 한다는 것을 의미한다. 물론 네덜란드인들이 카리브 주민들을 좀 더 존중해 주길 바라는 희망은 존재한다.

제2차 세계대전이 종결될 때, 숫자로 보면 대영제국이 카리브에 가장 많은 영향력을 미치고 있었다. 이는 당시 자메이카, 트리니다드, 바베이도스를 포함한 많은 섬들이 영국 왕실의 왕관이 그려진 대영 제국의 우표를 사용한 사실에서 증명된다. 60년이 지난 2006년까지 10개의 구 영국식민지가 독립했고, 섬의 우표에는 화려한 색상의 지역 화초, 새, 풍경, 국가적 자긍심의 상징 등이 새겨져 있다. 앤티가 바부다, 바하마, 바베이도스, 도미니카, 그레나다, 자메이카, 세인트 키츠 네비스, 세인트 루시아, 세인트빈센트 그레나딘, 트리니다드 토바고가 10개 구 영국 식민지로서 새로 독립하였으며 이들 외에 아이티, 도미니카공화국, 쿠바가 유엔 주권국가로서 유엔에 대표를 파견하고 있다.

여러 소규모 섬들은 영국의 해외영토로 존속을 결정하였다. 앵귈라, 영국령 버진 아일랜드, 몬트세라트, 터크스케이커스, 케이맨제도들이 그랬으며 총 인구는 10만 명에 달한다. 이들 지역은 면적이 너무 작고 경제적으로 빈곤하여 독립국가가 되기 어렵다고 판단되었다. 흥미로운 점은 이들 섬들 중 몇몇은 오프쇼어 서비스를 경제적 틈새 활동으로 개발하여 금융산업을 발전시켜 경제가 상대적으로 안정되고 주민들 삶의 질도 좋다는 점이다. 이밖에 버뮤다, 포클랜드 제도, 지브롤터가 대영제국의 마지막 영토로 남아있다. 2002년 카리브의 영국 해외영토 주민들은 온전한 영국 시민권과 영국 거주권을 부여받았다.

01 서인도 연방(West Indies Federation:1958~1962)

1958년, 탈식민지화 과정에서 영국식민당국은 자메이카, 트리니다드, 바베이도스와 소앤틸리스제도의 소규모 섬들을 모아 서인도연방(WIF)를 만드는 제안을 받았다. 영국령 기아나와 영국령 온두라스(지금의 벨리즈)도 연방에 합류하기를 바랐지만 실현되지 않았다. 논의

끝에 연방의 수도는 트리니다드의 포트오브스페인에 설치되었지만, 연방 인구의 절반 이상을 구성했던 자메이카는 이를 환영하지 않았다. 1958년에 선거가 실시되어 바베이도스의 그랜틀리 애덤스(Grantley Adams)가 연방의 수상이 되었다. 이후 섬의 인구수를 토대로 45명의 선출직 하원이 구성되고, 19명의 지명직 상원이 구성되었다.

독립에 앞서 경제적으로 안정되고 효율적인 단위를 구성할 목적으로 여러 식민지를 모아 연방을 만드는 아이디어는 카리브에만 국한된 것은 아니었다. 유사한 실험이 1953~1963년 사이 중앙아프리카연방(Central African Federation)의 창설과 함께 실행되었다. 연방은 남로디지아(짐바브웨), 북로디지아(잠비아), 냐살란드(말라위)를 포함하였다. 그러나 이 연방도 1964년에 잠비아와 말라위가 독립하면서 실패로 끝났다. 말레이시아는 1963년에 구성되어, 싱가포르가 1965년에 독립하였지만 상대적으로 성공하였다.

일반적으로 서인도 연방은 시작부터 전망이 좋지 않았다고 평가된다. 오랜 논의(1932년 동 카리브 논의와 1947년 몽테고 베이 회담이 기원) 에도 불구하고, 많은 카리브 역내 주민들은 영국이 보다 규모가 크고 번영하는 국가를 만들어 소규모의 가난한 섬들을 손쉽게 감독 관리하고자 한다고 느꼈다. 이론적으로 서인도연방은 긍정적인 면이 있었다. 본래 목적은 경제적으로 취약한 소규모 섬들을 합쳐, 보다 효율적인 대규모 정부의 형태로 이들이 독립국가로 이양되는 것을 지원하는데 있었다. 그러나 현실에서 이 지역은 공동의 정치나 행정에 경험이 전무했으며, 각 섬별 민족주의가 득세했다. 각 섬별 지방색이 강했고, 경제발전과 잠재력도 상이했다. 자메이카와 트리니다드는 상대적으로 대규모 인구와 자원을 보유했었다. 자메이카의 보크사이트는 미국 투자를 유인하였고, 트리니다드는 석유와 천연가스를 보유했다. 그러나 다른 섬들은 작았고 자원이 없었다. 연방 내에서 노동력의 자유이동을 원하는 섬들도 있었지만 이는 더 많은 일자리를 보유한 섬에는 문제를 안겨줄 수 있는 것이었다. 대부분의 섬들은 개방 이민을 반대했으며, 자메이카는 관세동맹도 반대했다.

실질적 문제는 연방조직 내의 행정부 권한이 약했다는 점이다. 보건, 교육, 교역이 섬 입법부와 식민당국의 관할 하에 있었다. 세금 징수 권한도 부적절했다.[1] 당시 상황은 1787년 미국 헌법이 제정되기 전, 연합규약(Articles of Confederation) 하의 취약했던 미국 연방제와 닮은꼴이었다. 각 섬의 지도자들은 각 섬과 자신들의 지위를 인정해주길 원했으며, 연방 내에 권한있는 직위는 매우 제한적이었다.

연방 내 다른 섬들과 지리적으로 떨어져 있던 자메이카에서 자메이카노동당(JLP)의 알렉산더 부스타만테(Alexander Bustamante)는 연방을 반대하고, 그의 사촌인 인민국가당(PNP)의 노만 맨리(Norman Manley)는 찬성함으로써 정치문제가 발생했다. 트리니다드에서 에릭 윌리엄스 수상은 강한 연방을 지지하였다. 또한 자메이카와 트리니다드의 지도자들 간에 연방에 관한 시각차와 긴장이 존재했다. 1961년 자메이카에서 국민투표가 실시되어 서인도연방 탈퇴안이 54%대 46%의 투표로 가결되자, 곧 트리니다드도 탈퇴하였고, 1962년 5월 영국 의회는 서인도연방을 해체하였다. 자메이카와 트리니다드는 그해 독립국이 되었으며, 바베이도스는 1966년 독립하였다. 소규모의 카리브 섬국가들은 영국 직할의 서인도 제도 연합국(West Indies Associated States)에 계속 소속되었으며, 그 중 몇몇은 1970년대와 80년대에 독립하였다. 이것은 지중해의 몰타나 사이프러스의 경우와 마찬가지로 대영제국의 소규모 가난한 식민 제도들이 독립국이 되는 경로였다. 오늘날 몰타와 사이프러스의 일부는 EU 회원국이다.

서인도 연방과 관련하여 의미 있는 진전 중 하나는 고등교육을 위한 공동 시스템 창설로서 자메이카, 트리니다드, 바베이도스에 주요 캠퍼스를 둔 서인도 대학의 설립이다. 이 기관은 이 지역이 단일성을 갖는데 기여했으며, 학문적 재능과 열정을 길러내고 있다.

서인도 섬들에서 연방의 문제는 세인트 마틴으로부터 겨우 수마일 거리에 위치한 인구 만 명의 소국인 앵귈라의 경우에서 두드러졌다. 앵귈라는 19세기 후반 이래 세인트 키츠 네비스와 행정적으로 연계되어 있었지만, 이에 불만이었다. 1958년 앵귈라는 총독에게 연합 분리를 요청하였지만, 요구는 거부되었다. 1967년 앵귈라는 세인트 키츠와 관계를 끊고, 국민투표에서 분할(separation)을 통과시켰다. 2년 후 영국의 낙하산 부대가 섬을 점령하고 중재가 이어졌다. 이 과정에서 유혈사태는 발생하지 않았다. 앵귈라는 1980년 별도의 영토가 되었고, 현재는 자치권을 가진 영국의 해외 영토로서 남아있다.

02 영국령 카리브의 독립

미주 대륙 13개 초대 식민지 사례처럼, 바베이도스와 자메이카를 대표로 하는 많은 영국령 카리브의 섬들도 왕실 총독(왕실을 대표)을 포함하는 대의 정부, 지명직 의회(상원)과 선출직 의회(하원)의 역사를 갖고 있다. 중요한 점은 하원(영국의 House of Commons에 해당)이 세입 통제권을 가졌다는 점이다. 하원 의원을 선출하는 투표권은 지주(대부분 백인)에게 제한되었지만, 이 지역 출신 부유한 원주민도 정부에 참여할 수 있었다. 바베이도스에서는 대의 체제가 1600년대 초에 출현했으며, 자메이카가 스페인으로부터 영국령으로 넘어온 후 제정된 1661년 헌법은 총독, 지명직 의회, 선출직 의회의 3각 체제를 구축하였다. 나폴레옹 전쟁때 영국이 스페인으로부터 이양받은 트리니다드는 선출직 의회를 포함하지 않는 '왕실 식민' 정부를 구성하였다.

바베이도스를 제외하고는, 지명직 관리를 통해 영국 정부가 직접 통치하는 왕실 식민정부가 대부분 섬에서 일반적이었다. 경제적 궁핍으로 인한 흑인 농부들의 대규모 시위사태인 모랑 베이 폭동(Morant Bay Uprising)이 1865년 발생한 이후 자메이카에서 선출직에서 지명직 대표로 교체가 시작되었다. 에얼(Eyre) 총독은 수백 건 약식 처형과 태형을 통해 반란을 진압하였다. 이 과정에서 중산층 물라토이자 선출직 하원의원인 조지 윌리엄 고든의 처형과 관련하여 비판이 거셌다. 에얼(Eyre) 총독은 해임되었고 왕실 식민정부가 설치되었다. 백인 금권정치 권력이 축소되었고 런던에서 파견된 정부는 일반적으로 현지 주민에 대해 온정적이었다. 이 시스템은 의회를 보전한 바베이도스를 제외한 다른 섬으로 확산되었다. 왕실식민 정부는 후에 변화가 있었다. 자메이카에서는 1884년 제한적 참정권에 기초하여 선출된 의원들이 의회에 참여하였다. 유사한 개혁이 제1차 세계대전 이후 다른 섬에도 있었다. 총독이 선출직 의원들의 의사에 반하여 일하는 경우는 드물었다.

1950년대와 60년대 자메이카, 트리니다드 토바고, 바베이도스는 내부 자치 정부를 획득하였고, 이후 완전 독립하였다. 그들의 정치사를 돌이켜볼 때 신생 국가들이 웨스트민스터 스타일의 2~3개 주요정당과 상하원 양원제 의회 민주주의를 갖춘 것은 낯설지 않다. 독재자 출현을 방지하기 위한 안전장치와 독립된 사법부도 체제에 포함되었다. 오늘날 하원은 성인의 보통선거에 의해 선출된다. 상원 의원들은 일반적으로 지명된다. 트리니다드 토바고를 제외한 모든 국가들이 엘리자베스 2세 영국 여왕을 국가수반으로 하고 있으며, 현지 수상과의 협의하에 지명된 총독이 여왕을 대리한다.

캐나다의 경우와 동일하게, 총독은 현지 시민으로서, 의전 기능을 담당하며 입법부가 통과시킨 법안에 서명을 한다. 모든 카리브 영국계 신생국가들은 영연방 잔류를 선택하였다. 현재 자메이카와 바베이도스를 포함한 여러 국가들이 헌법 수정을 통한 영국과의 관계 수정을 논의하고 있다. 신헌법은 국가수반으로서 여왕의 지위를 대통령으로 대체할 수 있다. 이 경우 대통령이 국가수반이 되며 수상이 행정권한을 갖게 된다. 바로 현재의 트리니다드 토바고 경우이다.

몇몇 분석가들은 웨스트민스터 스타일의 정부가 '카리브화' 되었다고 평한다. 즉, 개인 권력과 후견인 체제가 섬 정치에서 강조되었다는 것이다.[2)] 카리스마 있는 지도자가 중요하며, 정당들은 대중으로부터 격리된 엘리트에 의해 운영되고 있다. 전체적으로 영국계 카리브의 정치는 빈곤과 실업의 문제를 안고 있지만 효율적으로 운영되며 안정적이다.

독립 이후 신생 카리브 국가들은 정치 독립을 경제 독립으로 발전시키고자 하였다. 어떻게 하면 경제가 활성화되고 일자리가 만들어질 수 있는가? 보건, 교육, 사회서비스는 어떻게 향상시킬 수 있는지? 이런 문제들이 동시대 지역 정치인과 정부들이 직면하는 현안들이다. 정부들은 세출의 높은 비율을 국민 복지에 사용하고자 하고 있다.

카리브 섬들은 영국이 현재의 유럽연합, 당시의 공동시장에 가입하고자 하는 시점에서 독립을 추구하였다는 점에 주목할 필요가 있다. 영국의 유럽경제공동체 가입 첫 의향서는 1962년에 제출되었다. 프랑스의 드골 대통령은 1963년 신청서에 거부권을 행사하였고, 1967년에도 마찬가지였다. 영국계 카리브 국가들의 문제는 영연방 협정 하에서 그들의 농산물 대부분이 영국 시장으로 수출되고 있었다는 점이다. 이 상황에서 만일 영국의 EU 가입이 승인되면 어떻게 되는 것인가? 카리브의 설탕, 바나나 그리고 다른 과일들이 영국 시장으로 향할 때 높은 관세를 지불해야 하는가? 정치적 독립은 높은 경제적 비용을 지불해야 할 상황이 도래할 수도 있었다. 카리브 국가들이 변화하는 정치 경제 관계에 적응할 수 있었을까?

영국계 카리브 국가들은 지역 내 이웃국가들과 협조를 시작했다. 1968년 카리브 자유무역지대(CARIFTA)의 창설은 비록 전체 교역규모는 작지만 영국계 카리브 섬들 대부분을 포함하는 역내 자유무역을 목표로 하였다. 바베이도스에 본부를 둔 카리브개발은행은 지역 경제 발전을 지원할 목적으로 1969년 설립되었다. 곧 이어 신생 카리브 국가들은 미주기구(OAS)와 미주개발은행(당시 세계 최고이자 최대 지역 개발은행)에 가입하였다.

1960년대 후반 카리브는 실업, 도시화 진전, 인플레이션, 국민들 기대치 상승으로 정치적으로 혼란했다. 당시 카리브만 그런 것은 아니었다. 1968년 파리와 버클리에서도 학생 시위와 연좌시위가 빈번했다. 카리브의 혼란은 근로계층이 생활안정에 대한 확신을 갖지 못하는, 사회 불평등 구조를 반영하는 것이었다. 자메이카에서 대학생들은 '블랙파워' 정서로 과격화된 상태에서 정부가 흑인 운동가인 월터 로드니 교수(1942~1980)의 캐나다 국제회의에 참여 이후, 자메이카 귀국을 금지하자 반대시위에 나섰다. 로드니 교수는 가이아나에서 태어나 자메이카 대학 장학생 수학과 런던 동양 아프리카 대학에서 공부한 후, 1966년 런던 대학에서 역사학 박사학위를 받았다. 그는 탄자니아에서 강의한 이후, 자메이카의 모나에 위치한 서인도 대학으로 옮겼다. 그의 가장 유명한 저서는 '어떻게 유럽이 아프리카를 저개발시켰는가(How Europe Underdeveloped Africa(1972)' 이다. 로드니 교수는 대중의 정부 참여를 통해 독립 이후의 정치를 변화시키고자 하였다. 1968년 이른바 로드니 폭동 사태 때 세 명이 사망하고 상당한 재산 손실이 발생한 이후 자메이카 군부 독재자들은 투옥되고 질서가 회복되었다. 높은 실업률에 의해 촉발된 폭동은 큐라소의 수도 윌엠스타드에서도 1969년 발발했다. 다음해 트리니다드는 무질서와 방화로 얼룩졌다. '블랙 파워' 운동의 지도자들은 베트남 전쟁의 영향을 받은 그당시 급진주의에 매료되어 있었다. 월터 로드니는 1980년 가이아나 조지타운에서 폭탄테러로 살해되었다.

03 자메이카

자메이카 정치는 1970년대 좌로 방향을 선회했다. 카리브 신생국들은 독립을 공고히 하고, 사회주의 정책을 통한 경제 발전을 추구했다. 가장 두드러진 경우가 자메이카의 지도자인 마이클 맨리(노먼의 아들)로서, 그가 이끄는 인민국가당(PNP)이 1972년과 1976년 선거를 승리하였다. 그는 카리스마 넘치는 정치인이자 행동하는 지식인이었다. 그는 식민주의, 자본주의 그리고 제국주의에 반대했다. 반제국주의 성향의 독립된 경제정책을 추구하였으며 제3세계의 대변인 역할도 하였다. 맨리는 사회민주주의를 신봉하였고, 민주주의 구조를 유지하면서 서구 자본주의와 소비에트 공산주의 사이 중도적 길을 택하고자 하였다. 몇몇 기업과 은행이 국유화 되었고 토지 개혁이 시작되었다. 그는 특별히 국외 다국적 기업의 힘에 반대하였고, 자메이카에서 활동하는 알코아(Alcoa)나 알칸(Alcan) 같은 외국 보크사이트 기업에 신설 세금을 부과하였다. 맨리는 1977년 자메이카를 방문한 피델 카스트로와 우호적 관계를 유지했으며, 미국은 쿠바의 정치 지도자에 대해 분노하고 우려했다. 결국 CIA가 맨리 정부 전복을 꾀한 것으로 보인다.[3)]

1970년대 석유 공급부족과 가격사웅으로 두 차례의 오일쇼크가 발생했다. 맨리의 인민국가당 정부에게 경제 안정은 어려운 과제였으며, 1976년 선거를 승리했지만 정치폭력은 증가하였다. 1980년 선거에서 자메이카노동당의 보수성향 에드워드 시가(Edward Seaga)가 큰 표차이로 승리하였으며 곧 사회주의 프로그램을 대폭 축소시켰다. 시리아 이민자 후손인 시가는 친미주의자였으며 미국의 레이건 대통령에게 카리브 발전 프로그램에 재원충당을 요청했다. 미국의 지원 프로그램인 카리브원조계획(CBI)은 1980년대 초반 시작되었으며 자메이카가 최대 수혜자가 되었다.

마이클 맨리의 인민국가당은 1990년대 다시 권좌에 복귀했지만 급진 사회주의 성향을 배제하였다. 경제정책은 제조업과 관광산업 활성화에 초점을 맞추었으며, 미국과 우호적 관계를 유지했다. 건강이 악화된 맨리는 1992년 물러나고, 인민국가당의 P.J. 패터슨이 집권하였다. 그는 후속 선거를 승리하였고, 3기 5년차 임기 중반인 2006년 봄 퇴임하였다. 그리고 포르티아 심슨 밀러(Portia Simpson - Miller) 첫 여성 수상이 배출되었다.

04 그레나다

그레나다에서는 1979~1983년 기간 동안 혁명적 사회주의 체제가 등장했다. 제3장에서 은급했듯이, 1950년대 노조 대표로 활동했던 에릭 게리는 그레나다 연합노동당을 이끌며 거의 30년간 권력을 유지했다. 게리는 1974년 그레나다의 독립을 지휘했다. 그는 후견인 - 고객 관계를 활용해 확보한 대중의 지지와 함께 개인 통치를 실시했다. 준군사조직(일명 '녹색 야수들')와 '몽구스 갱'(비밀경찰)이 탄압을 자행했다.

1979년에 그레나다가 경제 침체와 사상 최고의 실업률을 기록하자, 야당인 NJM(New Jewel Movement)이 무혈쿠데타로 권력을 장악하고 모리스 비숍(1944~1983)이 이끄는 인민혁명정부(PRG)를 설립했다. 버나드 코어드가 재무장관이었다. PRG 정부는 발전 모델로서 자본주의를 버리고, 일당체제하의 '참여 민주주의'를 수립하고자 하였다. 마르크스 레닌주의에 기반하여 정부는 카스트로의 쿠바와 협력하며 소비에트권 국가들과 무역관계를 활성화하고자 했다. 정당의 정강정책을 보면 관광산업을 위해 공항을 확장하며, 정부 재원으로 보건, 교육 그리고 복지를 개선하는 것이었다.

1983년경 그레나다 경제가 최악으로 접어들었다. 비숍은 IMF에 금융지원을 요청하였으며, 이는 버나드 코어드를 비롯한 정부 각료들의 극심한 반대에 직면했다. 열성 당원들이 주교를 체포해 사형을 집행했다. 그리고 그의 주검을 바다로 둘러 쌓여있고, 화산 분화구가 만들어 낸 그레나다의 주요 항구 중의 하나인 세인트조지 항구에 위치한 포트 조지(Fort George)에서 화형을 시켰다. 이후 미국은 즉각 그레나다를 침공하여 혁명 사회주의 실험을 중단시켰다. 영연방의 여러 섬들이 미국의 개입을 요청하였는데, 이 중에는 혁명 활동의 확산을 우려한 이웃 도미니카의 유지니아 챨스 수상이 두드러졌다. 챨스 수상이 구 식민 모국인 영국의 개입을 요청하지 않았다는 것은 변화한 지정학적 상황을 반영하였다. 미국의 그레나다 침공 이후 섬은 관광산업 외국인투자, 공항 확장 완공, 미국의 대규모 원조와 함께 자본주의로 복귀하였다.

1980년대 정치는 자메이카의 에드워드 시가, 바베이도스의 톰 아담스, 도미니카의 유지니아 챨스, 세인트 루시아의 존 콤프톤 수상 등 다른 곳에서도 상대적으로 보수적 색채를 띠었다. 그들은 모두 신자유주의, 자유시장정책을 추구하며 미국 원조에 의존하였다. 1981년 동카리브 국가기구가 설립되어 7개 소규모 국가 - 도미니카, 세인트키츠 - 네비스, 앤티가 바부다, 그레나다, 세인트루시아, 몬트세라트, 세인트빈센트그레나딘은 경제통합과 좋은 정부 건설을 추진하였다. 이들은 모두 동카리브 달러를 사용하며, 사법, 국방, 재해관련 사안에서 협력하고 있다. 흔히 라틴아메리카와 카리브 지역의 '잃어버린 10

년'이라 불리는 1980년대에 지역 경제위기가 더 심각해졌다. 정부는 1970년대 많은 외채를 빌렸으나, 인플레이션 및 이자상승으로 인해 1980년대 고리의 외채이자 상환이 어려워졌다. 또한 북미와 유럽의 불황은 수출상품 수요를 감소시키고 관광객 수를 줄였다. 세금인상, 정부지출 감소, 평가절하를 포함하는 인기없는 긴축정책 - 일명, 'SAPs'라 일컫는 구조조정정책이 - 이 IMF 요구에 따라 실시되었고 외채 이자가 지불되었다. 실업은 증가하고 삶의 질은 하락했으며, 1985년의 자메이카 폭동과 사회적 불만과 갈등이 고조되기시작했다.

05 트리니다드 토바고

트리니다드 토바고에서 에릭 윌리엄스 수상(1911~1981)은 인민민족운동(PNM)을 1956~1981년 사이 이끌었다. 옥스퍼드 대학에서 수학한 역사학자인 윌리엄스는 그의 잘 알려진 저서인 자본주의와 노예제(Capitalism and Slavery)를 1944년 출판했고, 이 책에서 노예무역과 노예제 폐지를 위한 경제적 유인을 제안했다. 정권을 잡자 그는 경제발전을 위해 '국가자본주의' 접근을 시도했다. 즉, 석유와 가스 산업으로부터 나는 이윤으로 외국인 소유 자산을 사들였다. 그는 '초청산업화(Industrialization by Invitation)' 정책을 통해 국내 석유자원을 사용하는 철강과 화학산업 육성을 도모했다. 목적은 수입을 줄이고 산업기반을 육성하는 것이었다. 석유 소득은 사회 서비스 비용을 지불하고 국가소유 산업 보조금을 충당했다. 마이티 스패로우는 이런 정책을 트리니다드섬 원주민의 민요풍 재즈의 하나로 유명한 칼립소(calypso)에서 "자본주의가 결국 미쳐 돌아간다"라고 노래 부를 정도였다.[4] 정책의 결과는 실망스러웠다.

1983년 트리니다드 토바고는 외채가 심각했다. 긴축정책과 통화 평가절하가 이어졌다. 가난한 사람들이 가장 많은 고통을 받았다. 서민층에 큰 타격을 준 IMF 구조조정 정책에 대해 대중의 거센 반발이 일었다. 1990년 무장 무슬림 단체인 자마아트 알무슬리민(Jamaat al Muslimeen)이 의회에서 A.N.R. 로빈슨 수상과 다른 정치인들을 인질로 삼았다. 여러 명이 사망했으며, 포트오브스페인은 폭력과 약탈에 휩싸였다. 극단주의자들은 수일 후 항복했으며, 정치인들은 일상으로 돌아갔고, 신자유주의 경제정책이 계속되었다. 1990년대 중반 연합국가의회당의 동인도의 혈통을 물려받은 바스데오 판데이가 수상이 되어 아프로 카리브 경향의 인민민족운동의 통치를 종결시켰다. 인민민족운동(PNM)은 2002년 권좌에 복귀했다. 관광산업이 육성되었으며, 특히 토바고에서 유럽 부유층 휴가 관광이 중점 육성되었다. 최근의 높은 석유와 가스 가격으로 트리니다드 경제는 상대적으로 호황기를 맞고 있다. 그러나 다양한 인종구성은 정치적 단결을 저해할 수도 있다.

06 바베이도스

바베이도스 정치인들은 경제발전 전략에 있어 보수적 접근을 해왔고 결과는 긍정적이었다. 두 개 주요 정당인 바베이도스 노동당(BLP)과 민주노동당(DLP)는 흔히 바잔(Bajan)이라고 불리는 바베이도스 국민들의 삶의 질 향상을 위해 안정된 민주주의를 발전시켜야 한다는 인식을 공유하고 있다. 권력 교체는 민간에 의해 책임있는 방식으로 이루어져왔다. 2003년의 마지막 선거에서 바베이도스 노동당은 55.8%를 득표하였다. 정부는 신중한 계획과 운영 및 재정 책임을 강조하였다. 양 정당과 중앙은행은 함께 관광, 오프쇼어 서비스, 경공업에 외국인 투자를 장려한다. 정치안정이 경제발전의 초석이었으며, 이는 인간개발지수(Human Development Index)에서 바베이도스가 현재 세계 29위에 랭크되어 라틴아메리카와 카리브 국가들 중 최상위를 차지한데서 드러난다(참고도표 4 참조).

웨스트민스터 스타일의 민주주의 구조는 영국계 카리브 지역에서 잘 작동했으며, 특히 아프리카의 식민지역과 비교해볼 때 차이가 두드러진다. 의원내각제 제도는 정부가 행정부와 입법부를 통제할 수 있으며 정부 정책이 입법화될 수 있음을 의미한다. 성공할 수 있었던 원인 중 하나는 이 지역 섬들의 역사에 기인한다. 오랜 식민기간 동안 입법부가 발달하였고, 이후 점진적 탈식민지 과정을 거쳐 체계화된 정당이 출현했으며, 이들은 노조와 시민단체의 지지를 받았다. 게다가 바베이도스를 포함한 많은 영국계 카리브 정부들은 좋은 교육, 보건, 사회서비스를 시민에 제공하여 지지를 받아왔다.

07 아이티

제2차 세계대전 이후 뒤마르세 에스티메(Dumarsais Estimé) 대통령이 이끄는 개혁정부가 1946~1950년까지 아이티를 통치했다. 말라리아를 연구했던 의사인 프랑수아 뒤발리에(1907~1971)는 보건국장과 에스티메 행정부에서 노동부 장관을 역임했다. 이후 몇 번의 군사 쿠데타가 이어졌으며 1957년 '파파 독'으로 알려진 뒤발리에가 대통령으로 선출되었다. 그러나 그는 1964년 헌법을 수정하여 '종신 대통령'이 되었고 후계자를 지명할 수 있었다. 그의 독재 집권은 무서운 악령(bogeymen)를 의미하는 크레올어인 통통 마쿠트(Tontons macoutes)로 알려진 잔혹한 사설 민병대 덕에 가능했다. 야당을 침묵시키기 위한 뒤발리에의 테러전에서 수천 명이 사망하였다. 많은 사람들은 몬트리올이나 다른 곳으로 망명하였다. 그의 아들 장 클로드(베이비 독)는 1971년 권력을 승계하여 부패와 탄압을 지속하였다. 그러나 그는

1986년 프랑스로 망명하고 부패한 군부가 정권을 장악하였다.

1991년 좌파성향의 로마 가톨릭 신부인 장 베르트랑 아리스티드(1953~)가 도시와 농촌의 빈민을 포함한 대중의 광범위한 지지로 대선에서 승리하였다. 군부와 물라토 엘리트들은 그의 정치적 의도에 의혹의 눈초리를 보냈고 그는 1년이 못돼 군사 쿠데타로 밀려났다. 아리스티드는 수많은 '보트피플'처럼 나라를 떠나 미국으로 향했다. 대량 난민 사태를 우려한 미국의 클린턴 대통령은 1994년 미군과 소수의 UN 군대 개입을 통해 무혈작전으로 아리스티드를 권좌에 복귀시켰다. 레네 프레발이 1995년 아이티 역사상 최초의 민주적 정권이양을 통해 대통령이 되었다. 프레발 대통령은 금융문제를 안고 쿠바와 관계를 발전시키고자 하였다. 2001년 아리스티드는 대선에서 다수의 지지로 다시 당선되었지만, 그 이후 국내 폭력과 미국의 압력으로 다시 망명길에 올랐다. 2006년 남미국가들로 구성된 UN 평화유지군이 아이티에서 평화를 유지하고자 하지만, 마약 갱단이 아이티 정국에 심각하게 관여하고 있고, 섬은 끝이 보이지 않는 심각한 위기에 놓여있다. 유엔이 개입하여 2006년 2월 열린 대선에서 30명 이상의 후보들 가운데 레네 프레발이 대통령으로 당선되었다. 프레발 대통령의 앞에는 막중한 업무가 놓여있고, 아리스티드가 아이티로 돌아올 수 있을지는 분명치 않다.

08 도미니카공화국

아이티가 카리브 최악의 시나리오라면, 도미니카공화국은 최상의 발전을 유지하고 있다. 오랜 독재와 부패 이후 안정된 민주주의 체제가 이룩되었다. 정치체계는 미국의 것을 모델로 하여 제정되었다. 대통령은 매 4년마다 선출되지만 연임은 불가능하다. 의회는 상하 양원제로 구성되어 있다. 도미니카 혁명당(PRD), 도미니카 해방당(PLD) 그리고 사민개혁당(PRSC)의 3개 주요 정당이 있다. 2006년 도미니카 해방당이 권력을 잡았다.

1961년 독재자 트루히요의 암살 이후, 도미니카 혁명당의 좌파 후안 보쉬가 대선에서 승리하였다. 그러나 수개월만에 쿠데타로 권력에서 축출되었다. 군부, 엘리트, 미국 정부인사들은 도미니카공화국이 쿠바의 길을 따르는 걸 우려하였다. 1965년 보쉬를 권력에 복귀시키기 위한 시도로 폭력이 발생했을 때 미국은 군대를 투입하였다. 그 결과 1966년 선거가 개최되었을 때 트루히요와 관련된 호아킨 발라게르가 사민개혁당의 리더로서 선거에서 승리하였다. 친미 우파 인사인 그는 선거부정과 함께 1978년까지 집권하였다.

1978년 도미니카 혁명당은 부유한 지주인 안토니오 구스만을 내세워 선거에 승리하였다. 선거는 사고없이 진행되지 않았다. 구스만의 선거 승리가 점쳐지자, 발라게르를 지지하는 군부가 선거에 개입하였다. 쿠데타가 임박해 보였지만 미국의 카터 대통령은 미국의 지원중단으로 위협하였고, 구스만은 개표에서 승리하였다. 1982년 도미니카 혁명당의 살바도르 호르헤 블랑코가 선거에 승리하였다. 개혁성향 정당은 사회 프로그램을 실시하고, 대중의 삶의 질을 개선하고자 하였지만 1980년대 초 외채위기를 겪게 되었다. IMF 부채는 재정지출을 제한하였고 다른 긴축정책을 강요하였다. 그 결과 자메이카와 마찬가지로 폭동이 발생했다. 발라게르는 1986년 선거 이후 권력을 되찾아 1990년과 1994년 선거도 승리했다. 그는 결국 2년 후 부정과 부패로 인한 미국 압력으로 하야하였다. 1996년 이래 공정선거가 실시되고 민주주의가 효과적으로 운영되고 있다. 2003년 경기 침체까지 경제성장도 지속되었다. 경제는 2005년 회복되었으나 소득 불균형과 실업은 여전히 극복할 과제로 남아있다.

09 쿠바

쿠바는 1976년 공식화된 공산주의 헌법을 갖고 있다. 의회의 직접 선거는 1992년 허용되었다. 그리고 10년 후 2002년 사회주의 체제는 '폐지 불가능'해졌다. 입법부 기능을 하는 인민권력의회는 매년 두 차례 개회되며 보통선거로 선출되는 5년 임기의 609명 하원의원으로 구성되어 있다. 노조와 다른 조직들은 후보 리스트를 만든다. 의회는 31명의 국가평의회 구성원을 선출한다. 평의회의 의장이 국가수반이며 그가 내각을 지명한다. 1976년 이래 피델카스트로가 의장이었으며, 그는 1998년과 2003년 100% 찬성으로 재선되었다. 카스트로의 동생인 라울 카스트로(피델의 지명 후계자)는 제1부통령, 각료회의 부의장이자 카스트로의 대리인이다. 쿠바 정치인들은 자신들의 정치 시스템을 '인민 민주주의'로 묘사하지만 , 집회의 자유, 언론의 자유, 보도의 자유와 같은 어떠한 민주주의 관련 자유도 존재하지 않는다. 언론은 정부 관리들에 의해 통제되며, 인터넷 접속은 제한적이다.

1980년 정치 경제적 불만속에서 수천 명의 쿠바인들이 섬을 떠나겠다고 요구했다. 카터 대통령은 난민수용을 천명하여 마리엘항 보트사태가 발생했다. 범죄자와 정신이상자를 포함하는 10만명 이상의 쿠바인들이 마리엘 항구로부터 플로리다에 도착했다. 공산주의 정권은 원치 않는 체제반대자를 처리할 수 있었고, 그중에는 미국에서 환영받을 수 없는 사람들도 있었다.

쿠바는 독립적인 정치 경제 정책을 추구하고, 지역내 미국의 패권에 대해 공개적으로 반대하고 있다. 쿠바의 공산주의 정권과 중앙계획경제는 미국의 봉쇄정책과 1990년 소비에트 재정과 무역지원 중단에도 불구하고 살아남았다. 관광을 활성화하고, 무역을 더 자유화하고, 소규모 상공업을 허용하는 조치들이 실시되었다. 미국 달러화가 허용되고 관광과 통신 시스템같은 국영기업체에 외국인 투자가 허용되었다. 그러나 카스트로는 소련의 붕괴를 이겨냈고, 몇몇 개혁 정책들도 원상태로 돌렸다. 예를 들면 달러는 더 이상 공식적으로 허용되지 않는다. 베네수엘라 차베스 대통령의 석유원조와 함께 카스트로의 정치체제는 건재하다. 미국이 공산주의 중국 및 베트남과 관계를 정상화했음에도, 미국과 쿠바간 관계는 개선되지 않았고 미국은 경제봉쇄를 계속하고 있다. 이것은 아마도 쿠바와 미국간 지리적 인접성, 1959년 이래 카스트로의 장기집권, 그리고 부시 대통령의 동생인 젭 부시가 주지사로 있는 플로리다 쿠바 망명자들의 압력에 기인한다. 2000년 선거에서 부시는 플로리다에서 논쟁적인 선거개표와 대법원 판결로 겨우 승리하였다. 플로리다의 반 카스트로 쿠바 이주민들은 중요한 선거인단이다.

10 푸에르토리코

푸에르토리코는 독립국은 아니지만 자치지역이다. 현지 문제는 자치를 하며 외교와 국방은 미국이 관장한다. 민주주의 제도는 미국의 것을 모델로 하고 있으며 상원과 하원을 두고 있다. 푸에르토리코 주민들은 미국 시민권자이지만 미국의회에 대표는 두고 있지 않다. 미국에 거주하고 있고, 선거인 명부에 등록되어 있으면 연방 선거에 참여할 수 있다. 섬에 거주하고 있으면 연방 소득세를 납부하지 않는다. 푸에르토리코 사람들은 식량 배급표(food stamps: 미국이 저소득자에게 배포하는 식권)를 포함한 연방 지원을 받을 수 있지만, 또한 남자들은 군에 소집될 수 있다. 1947년 지사의 지위가 선출직이 되었으며, 1952년 푸에르토리코는 신헌법을 가진 '자치주(Commonwealth)'가 되었다. 모든 푸에르토리코 사람들이 이런 결정을 환영하지는 않았고,

1954년 민족주의당의 몇몇 당원들이 미국 워싱턴 D.C. 하원에서 다섯 명의 의원에 총을 발사하였다.

가장 주요한 정치 이슈는 푸에르토리코가 미국의 51번째 주가 되느냐의 것이었다. 1998년 가장 최근 국민투표에서 국민의 50% 이상이 자치주의 지위 유지를 선호하였다. 46.5%는 주로 편입되길 원하였고, 약 2.5%의 소수는 독립을 선호하였다. 미국의 주로 편입되면 세금 혜택이 사라지고 연방 소득세를 납부해야 하기 때문에 일자리와 산업에 영향을 미치게 된다.

푸에르토리코 국민들은 스페인 유산을 자랑스러워하며 스페인 문화, 역사, 언어를 소중히 간직한다. 그리고 높은 비중(아마도 60% 정도)의 인구가 영어를 말하지 못한다. 푸에르토리코가 자체 올림픽 팀을 유지하는 것은 흥미롭다. 아마도 이는 세계무대에서 독립된 정체성을 보여주고자 하는 열망의 표현으로 보여진다.

카리브해의 많은 국가들은 정권 교체와 관련하여 민주주의를 유지하고 있다. 정치 대화와 비평이 허용된다. 아이티는 민주주의 제도를 정착시키려 노력하고 있으며, 쿠바는 언론, 보도, 집회의 자유가 부족하다. 외부의 영향력, 특히 미국의 영향력이 군사, 정치, 경제 분야 등 정치 전반에 상당하며, 각 지역 국가들은 독립심을 유지하고자 한다. 소련의 붕괴 이후, 미국의 관심은 공산주의의 확산에서 마약과 이주 문제로 전환되었다.

많은 카리브 주민들은 자신의 삶의 질이 개선되지 않고 있다고 생각하며, 미국, IMF, 세계은행의 긴축경제정책 및 재정정책 압력이 자신들의 경제적 어려움을 가중시키고 있다고 비난한다. 특히 젊은층을 비롯한 일부 국민들은 무기력감을 느끼며 자국 정치제도에 실망하고 있다. 선거에 참여하는 시민 비율이 높지 않다. 국민들은 일자리를 원하며 경기침체의 끝을 보고 싶어 한다. 자유무역을 도모하는 IMF 및 세계은행의 정책들에 대한 많은 비판이 존재한다. 소규모 경제를 주요 다국적 기업의 경쟁에 노출시키는 것은 많은 피해를 가져올 수 있다. 지역내 소규모 기업체들은 경쟁력이 부재하다. 그 결과 지역 제조업체들이 문을 닫고 있다. 때로는 예를 들면 관광산업에 대한 주요 기업들의 투자가 건설과 서비스 분야에서 고용을 창출할 수 있다. 그러나 식량생산 분야에서 값싸고 보조금을 받는 농산물의 북미와 유럽으로부터의 수입은 이 지역 농업활동의 위축으로 다가오고 있다.[5)]

제5장

경 제

1960년 이전, 대부분의 카리브 경제는 농업에 집중되어 있었다. 지역 국가들은 외환 획득을 위해 농산물 수출에 의존했다. 대부분 일자리는 농업분야에 있었고, 대부분 인구는 농촌에 살았다. 해안가 플랜테이션 농장에서 재배되는 사탕수수와 바나나가 주요 수출 작물이었고, 커피, 코코아, 과일, 코코넛, 담배, 향료 등도 수출되었다. 소규모 자작농들은 일반적으로 5에이커 미만의 농장에서 곡물을 재배하여 가족을 부양하고 지역 시장에 팔았다. 도미니카공화국, 쿠바, 푸에르토리코 등의 몇몇 국가에서 목장주들은 가축을 길렀으며, 많은 가구는 가금류를 사육하였다.

오늘날 대부분 카리브 지역에서 농업은 쇠퇴하고 있다. 많은 섬에서 농업 생산은 국내총생산(GDP)의 5% 미만에 그치고 있다. 자메이카나 아이티와 같은 몇몇 섬에서 농업은 여전히 고용측면에서 중요하지만, 대부분 섬들은 많은 양의 비싼 식량을 외부, 주로 미국에서 수입하고 있다. 소, 돼지, 염소, 가금류를 포함하는 축산업은 대앤틸리스에서 중요한 역할을 한다.

현재 카리브는 서비스 산업, 특히 관광업이 주요 경제활동으로서 대부분의 일자리를 창출하고 GDP에 기여하고 있다. 관광업은 대부분 카리브 경제에서 주요 발전 동력이 되고 있다. 오프 쇼어 금융이나 보험과 같은 새로운 서비스 산업들은 새로운 성장분야이다. 큰 섬들, 주로 푸에르토리코, 쿠바, 도미니카공화국, 트리니다드 토바고, 자메이카 등에서 산업화가 일부 이루어졌다. 제조업 생산, 주로 의류업이 몇몇 섬에서 세제 혜택 및 자유무역지대의 신설과 함께 육성되었다. 예를 들면, 도미니카공화국에서 40개 이상의 자유무역지대가 운영 중이며, 많은 단지는 미국시장 수출용 의류를 생산하고 있다.

카리브 경제는 세계 무역 체제의 변방에 위치하고 있으며, 미국과 유럽시장 및 이들 국가의 투자, 대출, 원조에 의존하고 있다. 수출보다 수입이 많으며, 수출가가 수입가보다 낮기 때문에 적자와 부채에 시달리고 있다. 많은 섬들은 GDP 대비 높은 외채 비중을 보이고 있다. 또한 많은 외채 이자 지불이 경제 성장을 저해하고 있다. 트리니다드의 석유 생산과 같은 예외도 있지만 전반적으로 카리브는 세계 시장에서 경쟁력 있는 상품을 많이 생산하지 못하고 있다. 한편, 미국과의 지리적 인접성으로 인해 카리브는 저렴한 경제적 휴가지로서의 역할을 하고 있다.

01 1차 산업

농업

1차 산업분야는 농업, 임업, 수산업, 광업 등 천연자원을 직접 채굴하는 활동을 포괄한다. 카리브 섬들이 유럽 식민지였을때 사탕수수 재배가 지배적 경제활동이었으며, 그 결과 대서양 노예무역이 발달하였다. 사탕수수가 카리브의 지형과 주민의 면면을 변화시켰다.

비록 사탕수수는 도미니카공화국, 쿠바, 트리니다드, 자메이카, 바베이도스와 같은 몇몇 섬들에서 여전히 재배되고 있지만, 수익성이 많이 감소하였다. 바베이도스 설탕 생산은 1957년 20만8천톤에서 2001년 5만톤으로 줄었다.[1)] 1960년대에 설탕은 대부분 경작지에서 재배되었다. West와 Augelli는 다음과 같이 서술한 바 있다. '카리브의 어느 곳에서도 설탕이 이처럼 절대적 비중으로 재배되지 않는 곳이 없고, 설탕보다 안심할 수 있는 작물도 없다.'[2] 오늘날은 리조트와 골프장이 확대되고 있으며 설탕은 그 영화를 잃어버렸다.

앤티가와 세인트 루이스같은 몇몇 섬들은 얼마 전부터 설탕 생산을 중단했으며, 세인트 키츠는 2005년에 국영설탕업체가 문을 닫았다. 쿠바에서 정부 소유의 설탕 산업은 쿠바와 소련 경제의 연결고리였다. 쿠바 설탕은 1990년 소련의 붕괴 전까지 소련 석유와 교환되었다. 당시 쿠바의 설탕 생산은 8백만 톤에 달했다. 그때부터 설탕생산은 쿠바에서 감소하였다. 쿠바 정부는 설탕산업 위주의 농업 구조를 재편하고자 했으며, 많은 정부소유 설탕공장이 문을 닫았다. 2005년 설탕 수확은 130만 톤으로 감소하였고 이는 1908년 이래 최저 생산으로서 4백만 톤의 생산 목표보다 한참 낮은 것이었다. 가뭄이 주원인으로 지목되었다. 콩이나 옥수수 같은 다른 작물들은 지속적으로 증가하였다. 그리고 축산업과 임업이 성장하였다. 쿠바 도시들에서는 손으로 물을 주는 도심 야채 재배 텃밭들이 식량 공급에 도움을 주고 있다.

설탕 생산은 해외 경쟁, 가격 지원제도 종결, 현대화 미비, 콘 시럽이나 다른 인공 감미료로 기호 변화 등의 여러 원인으로 감소하였다. 브라질, 호주 등의 보다 저렴한 생산비 지역으로부터의 경쟁도 심각하다. 비록 인도가 세계 최대 설탕 생산국이지만, 브라질은 최대 설탕 수출국이다. 세계무역제도의 변화는 카리브 설탕에 사망신호를 보내고 있다. 유럽연합은 오랫동안 카리브의 구 영국 식민지들과 설탕쿼터를 높은 가격에 수입하는 협정을 맺고 있었지만, 최근 세계무역기구(WTO)는 이 협정이 불공정하다고 판정했다. 유럽의 가격 지원이 단계적으로 폐지되면 산업은 더욱 위축될 것이다. 연료용 에탄올 생산을 위한 사용 등 사탕수수의 대안적 활용이 확대되지 않는다면 설탕은 계속 기반을 상실할 것이다. 최근에 높은 국제유가로 인해, 에탄올에 대한 관심이 설탕에 새로운 생명을 부여할 가능성을 보여주고 있다.

사탕수수 재배는 저임금의 힘든 육체노동 일자리를 만들어냈다. 교육을 장려할 필요도 없었으며, 농장노동자를 뛰어넘는 자기성취의 발전기회도 없었다. 설탕산업 쇠퇴는 오히려 경제가 다양화되고 임금상승과 교육 및 삶의 질 향상으로도 연계되고 있다. 대부분 카리브 국가들에서 설탕재배 감소는 침체가 아닌 진보를 의미한다.

바나나는 자메이카, 세인트루시아, 세인트빈센트, 도미니카, 마르티니크, 그리고 과들루프 등 여러 섬에서 중요한 수출작물이었다. 가족농의 형태를 띠고 있는 오늘날 카리브 바나나 생산업자들은 더 저렴한 생산비의 중미지역으로부터 경쟁심화에 직면해 있으며, 또한 유럽연합 내의 특혜무역협정 종료로 고통 받고 있다. WTO는 EU의 바나나 특혜 제도는 협정위반이라고 판정했으며, 이로서 바나나 수출이 자연스럽게 감소하고 있다. 특히 세인트루시아, 세인트빈센트, 그레나다의 상황이 악화되고 있다. 예외적으로, EU 회원으로서 특혜 협정을 협상할 필요가 없는 마르티니크의 상황은 좋은 편이다. 설탕과 바나나는 국제시장에서 유사한 상황에 직면해있다. 특혜무역협정이 도전받는 상황에서 카리브 생산업자들은 다른 지역의 생산업자에 비해 경쟁력을 상실하고 있다는 점이다.

커피나 담배와 같은 다른 작물 생산도 감소 추세이다. 대앤틸리스의 언덕 경사면에서 주로 재배되는 커피는 브라질과 다른 라틴아메리카 국가들의 경쟁에 직면에 있으며, 다행히 역내 커피는 역내 카리브 시장에서 주로 소비되고 있다. 담배는 쿠바에서 가장 주요한 품목이다. 손으로 말아서 만드는 아바나 시가는 세계적으로 유명하며, 담배와 시가는 도미니카공화국에서도 생산된다. 몇몇 섬들은 도미니카의 라임, 세인트빈센트의 열대 칡(arrowroot: 아기음식으로 사용되거나 최근에 컴퓨터 용지로 사용됨), 그레나다의 육두구(nutmeg: 그레나다가 인도네시아 다음의 제2 생산국), 그리고 자메이카의 피멘토(allspice)와 참마(yam) 등 특화된 작물을 생산하고 있다.

일반적으로 카리브의 농작물 생산 비용은 세계시장에서 경쟁력을 갖기에는 너무 높은 편이다. 한 가지 예외는 몇몇 섬에서 자라는 마리화나이지만 공식화하기 어려운 작물이다. 마리화나는 인도 힌두교에서 사용되었는데, 인도 출신 계약노동자가 자메이카에 가져왔다. 자메이카(특히 도망 노예들이 전통적으로 거주했던 중부 콕핏 지역에서 생산)와 다른 섬에서 생산되는 마리화나는 미국과 유럽에 불법적으로 반입된다.

전통적으로 카리브에서 많은 사람들은 소규모 농토를 보유하고 가족용 식량을 재배한다. 부엌 뒤뜰이 전형적이다. '가족토지'로 일컬어지는 독특한 공동 토지소유 제도는 노예해방(1833~1838)이후 영국계 카리브 지역에서 발달하였다. 예전 노예들은 작은 토지를 사서 자유의 상징으로서 농장주로부터 독립을 보여주려 하였다. 원 소유주의 후손들은 유언장이 없더라도 이 토지 사용권을 영원히 갖게 된다. 땅은 경작이나 집 건축에 사용될 수 있다. 그러나 팔 수는 없다. 상속인이 이주하더라도, 가족토지에 대한 권리는 유지된다.[3)]

임업

대부분 섬들에서 유럽인들의 도착 이전에 산림이 조성되었지만, 농업과 목재공급을 위해 많은 산림이 사라졌다. 아이티(18세기 설탕생산에 집중)의 경우는 섬의 1% 미만이 산림으로 있어 매우 극단적 경우이다(1장 참조). 최근 발표된 환경 지속성 지수에서 아이티는 천연자원 남용 부문에서 세계 최하위 수준에 랭크되었다. 섬의 반대편에 위치한 도미니카공화국은 산림 면적이 감소하고 있지만 국토 25%가 여전히 숲으로 조성되어 있다. 마호가니, 새틴나무, 소나무와 삼나무가 자라고 있다. 소앤틸리스에 위치한 산악국가 도미니카는 산림면적이 60%나 되는 나무가 가장 많은 섬으로서, 산림이 환경 관광 발전에 중요하게 기여하고 있다. 토바고는 산림이 18세기부터 조성되었다. 쿠바는 마호가니, 삼나무 등 값어치 있는 나무들이 자라고 있으며 삼나무는 시가 박스로 사용된다.

어업

대부분 섬들은 소규모 수산업을 보유하고 있으며, 주로 해상에서 지역민과 관광수요를 위해 어업이 이루어진다. 쿠바는 수출용 수산업이 실시되는 소수 국가 중 하나로서 국가 경제에서 설탕, 니켈 다음의 중요한 산업이다. 몇몇 섬들은 바베이도스의 날치나 바하마의 바다가재와 같은 지역 특산물을 어획한다. 전체적으로 이 지역 수산업은 원양어선과 냉장설비의 부족으로 발달이 더딘 상태이다.

광업

쿠바는 철, 크롬, 코발트, 구리, 망간, 대리석 등이 풍부해 광업이 발달했다. 쿠바는 강철을 생산한다. 강철을 단단하게 해주는 니켈은 무기 생산에 사용되는데 쿠바의 전략 물자이자 주요 수출상품 역할을 하고 있다. 최근 브라질, 유럽, 캐나다의 석유기업들이 해외 자원개발에 나섬에 따라 쿠바의 석유산업이 급속히 발전하고 있다.

니켈, 은, 금이 도미니카공화국에서도 채굴된다. 다른 국가들의 경쟁으로 인해 수출이 감소 추세지만, 자메이카도 보크사이트 및 알루미늄 생산을 위한 알루미나를 수출하고 있다. 미국과 캐나다가 주요 수입국으로서, 알루미늄 제조 공정의 마지막 단계는 높은 전력 사용으로 인해 주로 북미에서 이루어진다. 자메이카는 또한 석고와 석회암도 풍부하게 보유하고 있다.

트리니다드는 국내 석유와 가스 생산에 기반하여 경제를 운영하고 있다. 국영석유회사인 페트로트린(Petrotrin)이 산업을 관장하며, 석유 산업으로 인해 트리니다드는 중공업과 석유화학산업이 발달할 수 있었다. 바베이도스는 국내소비용 석유를 소량 생산중이다.

02 2차 산업

2차 산업은 산업, 제조업, 건설업을 포함하는데, 카리브 지역에서 2차 산업은 제2차 세계대전이후 발달하였다. 오늘날 대부분 섬들이 식품가공, 음료, 시멘트 등의 역내 소비용 소규모 제조공장을 갖추고 있다. 대앤틸리스 섬들과 트리니다드는 보다 규모가 큰 설비를 보유하고 있다. 도미니카공화국에서 강철 생산, 푸에르토리코에서는 의약품 제조가 이루어진다. 또한 푸에르토리코, 트리니다드, 큐라소, 아루바, 세인트 크로이, 바하마는 원유 정제시설이 있으며, 세인트루시아, 신트외스타시우스섬(St Eustatius), 보네르는 미국으로 향하는 대규모 유조선 환적 터미널을 갖추고 있다. 물론 석유 저장시설과 정제시설은 환경 위험시설이며, 관광 리조트와도 어울리지 않는다.

몇몇 논평가들은 산업혁명 이전부터 카리브의 설탕생산은 산업설비를 갖추고 있었다고 지적한다. 왜냐하면 사탕수수를 추수하고 압착한 이후, 당밀과 반 정제 황설탕을 생산하기 위해서 사탕수수액이 공장 설비에서 끓여서 졸여져야 했기 때문이다. '벌판의 공장'이란 개념은 바로 이런 상황을 의미한다. 설탕 공장과 끓이는 공장은 몇몇 섬에서 여전히 가동 중이며, 특히 쿠바와 도미니카공화국에 많이 존재한다. 그러나 백설탕을 만드는 마지막 정제 과정은 대부분 미국이나 유럽에서 이루어진다.

럼과 당밀(사탕수수액을 끓인 후 남는 시럽)도 수출된다. 많은 럼이 미국과 유럽, 특히 영국으로 수출된다. 럼 생산은 영국계 카리브에서 오랫동안 있었던 산업이다. 중상주의 식민지 시대에도 영국은 럼을 세계시장에서 자유롭게 교역했었다. 럼과 당밀이 메사추세츠를 중심으로 하는 뉴잉글랜드로 보내졌고 그곳에는 1770년대까지 100개 이상의 럼 증류공장이 있었다.[4)] 18세기에 일일 럼 배급분이 영국 해군에 할당되었으며, 이는 카리브의 럼 생산을 증가시켰다. 바베이도스의 마운트 게이 럼(Mount Gay Rum)이 가장 오래된 생산업체 중 하나로서 1703년으로 그 역사가 거슬러 올라간다. 관광객은 그 장소를 방문할 수 있다. 흥미롭게도 스페인과 프랑스 식민지에서는 자국산 와인과 브랜디를 보호하는 법률 때문에 럼 산업의 발전이 더뎠다. 스페인 영토에서 사탕수수로 만든 주류인 아과르디엔테(Aguardiente)는 지역에서 소비는 되었지만 증류시설이 열악한 탓에 맛이 거칠고 입에 달라붙지 않았다. 하위 계층을 위한 주류인 럼은 영국 식민지에서 스페인 식민지로 밀반입되었다.

오늘날 대부분 섬들이 수출용, 내수용, 관광산업용 럼주 생산 공장을 갖추고 있다. 방문객에서 럼주를 제공하는 것이 현지 풍습의 하나이다. 카리브의 자긍심을 갖고 있는 모든 섬은 현지 럼주로 만든 각자만의 펀치(럼, 레몬주스, 설탕 등을 섞은 펀치음료) 비법을 보유하고 있다. 바카르디에서 만든 것과 같은 톡 쏘는 풍미의 럼은 푸에르토리코와 미국령 버진 아일랜드에서 생산된다. 바카르디 가문은 처음에 쿠바에서 럼 생산을 시작했지만, 1930년대에 미국 법정에서 재판을 통해 푸에르토리코에서 생산 허가를 획득했다. 바카르디 럼은 미국시장에 무관세 혜택을 받고 있으며, 이는 좋은 결과를 가져왔다. 왜냐면 1960년 피델 카스트로가 쿠바의 바카르디 생산시설을 압류했기 때문이다. 바카르디 제국은 번창해서 오늘날 바카르디는 마티니 로씨, 듀어 스카치, 봄베이 진, 테킬라, 브랜디, 맥주, 보드카 브랜드까지 생산하고 있다. 푸에르토리코에서 바카르디는 많은 직원을 두고, 법인세를 가장 많이 내는 회사 중 하나이다.

마르티니크에서 대부분의 럼주은 하얀색이다. 바베이도스의 마운트 게이, 자메이카의 캡틴 모건, 도미니카공화국의 엘 프레시덴테 같은 럼들은 색이 더 어둡고 진하다. 푸에르토리코, 버진 아일랜드, 바베이도스, 세인트-키츠 등의 많은 증류주 제조소는 럼 생산을 위해 당밀을 수입한다(브라질과 도미니카공화국에서 주로 수입). 설탕의 또 다른 부산물은 사탕수수의 당분을 짜고 남은 찌꺼기 섬유이며, 이것은 보일러 연료용이나 벽판 재료로 사용된다. 에탄올도 설탕으로부터 생산될 수 있으며, 앞에서 살펴본 바와 같이 연료로서 더 중요한 역할을 할 수 있다. 2006년 초에 설탕의 선물가격이 4반세기 만에 최고 가격을 갱신했다. 이는 에탄올 관련 가능성 때문에 투기가 발생한 때문이다.

제2차 세계대전 이후 카리브가 농업경제로는 인구 증가와 경제발전을 담보할 수 없다고 인식되었다. 따라서 제조업을 발전시키기 위한 계획들이 마련되었다. 1947년 미국이 푸에르토리코 제조업을 발전시키기 위한 'Operation Bootstrap'을 시작하였다. 세제 혜택과 저금리 대출이 투자를 유도하였다. 미국과 자치주 관계가 푸에르토리코의 매력을 증가시켜, 많은 미국 기업들(초기에는 주로 의류와 제화)이 세제 혜택과 저임 노동력 활용을 위해 섬으로 생산시설을 이전하였다. 중공업, 전자산업, 석유 정제업, 석유화학, 그리고 최근의 의약업체(존슨 앤 존슨과 브리스톨 메이어)들이 뒤를 이었다. 1950, 60, 70년대 경제성장률이 눈부실 정도로 높았지만 실업률은 계속 높은 수준이었다. 이익은 미 본토로 송금되었다. 푸에르토리코는 현재 카리브 지역에서 가장 산업화된 경제를 갖고 있다. 하지만 여전히 미국의 자본투자, 신용제공, 무역, 연방 보조금 의존은 계속되고 있으며, 실업률이 높고 빈곤층이 상당하다. 연방정부의 저소득층에 대한 식량배급이 빈곤층 생존을 돕고 있지만, 무임승차를 통한 의존감을 양산하는 문제가 있다. 미국으로 이주가 안전판을 제공한다. 기업에 대한 세금 면제 혜택은 2006/7 기간에 종료될 예정이며, 갱신되지 않는다면 푸에르토리코 경제는 조정문제에 직면할 것이다. 푸에르토리코와 미국의 정치적 관계는 푸에르토리코의 대 카리브지역 경제 이해관계에서 운신의 폭을 제한하고 있다.

세인트 루시아의 아더 루이스 경(앤티가 출신 부모를 둠)과 같은 영어를 사용하는 카리브 경제학자들은 경제발전을 위한 여러 아이디어를 내놓았다. 그는 1948년 33세의 나이로 맨체스터 대학에서 교수로 임용되기 전에 런던정경대학(LSE)에서 수학했다. 그는 영국식민청(British Colonial Office)에서 발전 경제학을 연구하여 카리브의 노동력이 쇠퇴하는 농업분야에서 새롭게 발전하는 제조업으로 이전될 수 있다고 결론을 내렸다. 경제발전이론(1955)이 그의 가장 유명한 저서이다. 그는 1963년 기사 작위를 수여받고, 프린스턴에서 강의한 후 바베이도스의 카리브 개발은행에 정착했다. 1979년 루이스는 노벨 경제학상을 수상했다. 그는 '초청 산업화'로 알려진 시스템을 통해 카리브의 제조업 육성과 산업화를 이룩하고자 하였다. '초청 산업화'는 국내산업을 보호하면서 발전에 필요한 자금은 해외 유치를 통해 조달하는 방식이다. 라틴아메리카 본토에서 많은 정부들은 값싼 수입품에 대해 높은 관세로 국내 제조업체를 보호하는 수입대체산업화(ISI)라는 유사한 정책을 사용하였다. 목적은 유럽과 미국 등 주요 자본주의 국가들로부터 경제적 독립을 획득하는 것이었다. 전 학계가 당시 '종속이론'이라고 알려진 개념에 사로잡혀 있을 때였다.

1960년대와 70년대 마이클 맨리 수상 하의 자메이카처럼 카리브의 몇몇 국가들이 사회주의 정책을 추구하였다. 그들은 자급자족에 목적을 두고 국영 산업 육성을 도모하였다. 사회주의 정책과 '초청 산업화'는 1980년대 외채위기와 함께 종결되었다. 당시 카리브 국가들은 외채의 이자율 상승으로 이자 지불과 원금 상환이 어렵게 되었다. 세계은행이나 국제통화기금(IMF) 같은 국제금융기관과 상환일정 재조정 협상에 나서야 했던 지역 국가들은 신자유주의 정책을 채택할 수밖에 없었다. 신자유주의는 교역 자유화, 국내 시장 개방, 민영화, 수출주도 발전(특히 비전통재 상품) 그리고 사회서비스와 관련한 지출 제한 등의 내용을 담고 있다. 세계은행과 IMF는 지역 정치인들과 주민들에게 환영받지 못했던 구조조정정책(SAPS)의 실행을 요구했다. 오늘날 대부분의 카리브 국가들은 신자유주의 정책을 따르고 있지만 외채는 여전히 아이티와 자메이카를 비롯한 국가들에서 문제가 되고 있다.

도미니카공화국과 자메이카를 비롯한 많은 카리브 국가들은 수출가공지대를 만들어 제조업 생산을 활성화시키고자 하였다. 이런 지대들에서는 섬유나 전자부품과 같은 원재료를 기업들이 수입하여 지역민들이 조립하고 완성품을 주로 미국시장에 수출하는 작업이 이루어진다. 마낄라도라로 불리는 이런 형태의 조립 공장들은 저임금, 비노조 여성인력을 사용한다. 지역 정부는 세제혜택과 인프라 제공을 통해 기업과 일자리를 초청하고 있지만 항상 성공적인 것은 아니다. 왜냐면 글로벌 기업들은 항상 가장 경쟁력 있는 임금을 찾고 있고 중국과 같은 저임금 지역으로 다시 공장을 옮기기 때문이다.

03 3차 서비스 산업

1960년대 이래 정부 공무원직을 포함한 서비스 분야는 카리브의 최대 고용주가 되어 전반적으로 노동력의 절반 이상을 고용하고 있다.

관광

대부분의 카리브 경제는 여행, 관광, 오프쇼어 서비스, 정부고용을 포함하는 서비스 산업에 의존하고 있다. 관광업은 현재 카리브 경제의 핵심 산업으로 주요 외화 가득원이다. 정부는 호텔, 레스토랑, 여행 서비스, 소매, 건설업 등에서 고용 창출을 위해 관광을 육성하고 있다. 관광업은 숙박, 운송, 음식, 건설, 보험, 금융, 정부 에이전시를 포괄하는 복합 산업이다.

1960년대 이전 카리브 리조트들은 부유층을 대상으로 했다. 영국의 상류층은 바베이도스, 프랑스는 마르티니크, 네덜란드는 큐라소로 여행을 갔다. 북미의 부유층이나 유명 인사들은 쿠바나 바하마를 선호했다. 1960년대는 중산층의 가용소득 증가, 패키지 관광, 제트기의 상용화 등으로 인해 대중 관광업이 발달했다. 초기에 카리브 정부들은 관광산업에 회의적이었다. 어떻게 관광업이 경제 전반의 발전과 연계될 것인가? 카리브 지역이 역외 국가들의 경기변동에 연계될 것인가? 새로운 종속 - 새로운 형태의 모노컬쳐 - 이 탄생할 것인지. 그러나 대부분 지역 정부들은 곧 카리브의 기후와 아름다운 풍경을 개발하는 것 외에 다른 대안이 없다는 것을 깨달았다. 현재 각국은 관광산업에 각자 섬을 홍보하고 마케팅하고 있지만, 지속가능한 관광에 초점을 맞추고 있다. 지속가능한 관광이란 신중한 기획, 지역 공동체 존중, 환경보호를 포괄하는 개념이다.

카리브해는 자체가 상품이다. 각 섬들은 관광객 유치를 경쟁하며 특별한 볼거리를 홍보하고 있다. 바하마와 같은 섬들은 상대적으로 저렴한 패키지, 오락, 도박시설 등을 통해 대중 관광을 홍보하고 있다. 케이맨제도와 같은 다른 섬들은 부유층을 위한 럭셔리 리조트와 요트 정박지 등에 집중한다. 수상 스포츠(요트, 스노클링, 스쿠버 다이빙)도 많은 섬들에서 홍보 대상이다. 생태 관광(Eco - tourism)도

또 다른 볼거리이다. 역사적 요새와 플랜테이션 농장들도 새로운 틈새 상품으로 개발되고 있다.

쿠바의 헤밍웨이나 바베이도스의 조지 워싱턴처럼 카리브를 방문했던 저명인사들은 관광객들의 관심사가 될 수 있다. 문화와 고고학 관광도 새롭게 시작되고 있으며 섹스 관광과 스포츠 관광도 홍보되고 있다. 크레올 페스티벌, 칼립소 대회, 마르디 그라소 축제 등이 유명하다. 크리켓 월드컵이 2007년 카리브에서 개최되었다. 모든 사람을 위한 무언가가 준비되어 있다.

대부분의 관광객들이 미국에서 오고 있으며, 캐나다와 유럽 관광객 수도 증가하고 있다. 미국 시민들은 바하마와 푸에르토리코를 선호하며 관광객으로 쿠바를 방문하는 것은 미국 정부가 금지하고 있다. 유럽 관광객들이 여행지를 선택할 때 언어, 문화, 마케팅으로 인해 역사적 연계 고리가 있는 구 식민지를 선호하지만, 도미니카공화국과 쿠바 방문 유럽인들이 증가하고 있다. 일반적으로 방문객들은 개발된 리조트 구역에 머무른다. 예를 들면, 자메이카 섬에서 킹스턴의 슬럼가와 정 반대편에 위치한 오초 리오스나 몽테고 베이 같은 곳이다. 힐튼이나 메리어트와 같은 기업들이 카리브 해안을 따라 대규모 호텔단지를 건설하였으며, 이곳은 실질적으로 투숙객들 외에 출입이 제한된 곳이다.

관광업은 급속도로 발전하였다. 1990년에 약 천만 명의 사람들이 체류목적으로 카리브를 방문하였다. 카리브 관광협회에 따르면 2004년에 방문 투숙객이 2천1백80만 명으로 증가하였으며, 방문객들의 총 지출은 210억불에 달했다. 2004년 체류 관광객 방문자수 상위 5개국은 도미니카공화국(3,443,205), 바하마(1,450,037), 자메이카(1,278,921), 쿠바(1,134,611) 그리고 푸에르토리코(1,082,649)였다.[5)]

현재 카리브 크루즈 선들은 테러 위협을 우려하는 미국사람들에게 매력적이다. 크루즈 선들의 기착지는 카리브의 몇몇 항구 도시들에 집중되어 있으며, 크루즈 관광은 호텔 숙박객들만큼 지역 경제에 도움을 주지는 못한다. 2004년에 가장 많은 크루선 여행객들이 방문한 상위 5개 항구는 바하마의 나사우(3.4백만), 미국령 버진 아일랜드의 세인트토머스(2백만), 푸에르토리코의 산후안(1.4백만), 케이맨제도(1.4백만) 그리고 세인트 마틴(1.3백만)이었다.[6] 칸쿤과 코수멜을 포함한 카리브 크루즈 방문객 총 수는 2천50만 명이었다. 미국인들에게 관광지로서 카리브는 유럽보다 더 저렴한 방문지이다. 카리브는 또한 상대적으로 안전한 지역으로 인식되고 있다. 9.11 테러 이후 여행이 전반적으로 감소추세지만, 카리브 관광은 상당히 빨리 재활성화되었다. 물론 최근 높은 석유 가격이 비행 연료비, 택시요금, 식당 식사비 등 모든 것에 영향을 미치며 관광업계의 우선적 현안이 되고 있다.

관광산업은 약점을 갖고 있다. 관광업은 해외 국가의 경제에 의존한다. 미국의 경기 침체는 관광객 수를 감소시킨다. 현지 고용은 계절제이며 임금이 일반적으로 낮다. 외국 기업들이 산업의 대부분을 통제하며, 가격과 교역조건을 결정한다. 외환은 이 지역에서 머물지 않고 해외 식품과 같은 수입품 구매에 사용된다. 관광객은 대부분 부유한 백인이며, 서빙하는 사람은 생계를 꾸려나가야 하는 흑인들이 대부분이다. 게다가 특히 제한된 수자원을 갖고 있는 작은 섬들에서 환경문제는 훗날 비싼 비용을 지불할 문제가 될 수도 있다. 해변 손상과 수질 오염이 항상 근심거리이다. 그럼에도 불구하고 중요한 점은 관광객은 세입을 증가시키고 경제발전을 가져온다는 점이다. 그리고 외환도 생긴다. 유념해야 할 점은 관광업을 음식 및 음료 생산과 같은 지역 경제활동과 연계시키는 점이며, 모든 산업의 근간인 환경을 보호해야 한다는 점이다. 카리브 정부와 주민들은 단기적 경제이익을 추구하기보다 장기적 혜택을 받을 있는 계획을 수립해야 할 것이다.

오프쇼어 서비스

오프쇼어 금융 서비스는 영국령 해외영토를 중심으로 몇 개 섬에서 중요한 산업이다. 케이맨제도, 앵귈라, 영국령 버진 아일랜드, 그리고 터크스케이커스 (이들 섬의 주민들은 영국 시민이다)는 은행, 보험 그리고 선박 등록의 다양한 서비스를 제공한다. 이 섬들은 영국과의 관계로 인해 안정과 합법성을 제공하기 때문에 이점이 있다. 이들 섬에서는 언어의 문제도 없고 미국과도 지리적으로 인접해 있다. 바하마, 바베이도스, 네비스, 네덜란드령 앤틸리스 등에서도 오프쇼어 서비스를 제공한다. 많은 글로벌 회사들이 오프쇼어 은행에 자금을 예치하는데 이는 본국에서의 높은 세금을 회피하고자 함이다. 엔론같은 회사들은 기발하게 오프쇼어 지사를 설치하여 미국 정부에 세금에 내지 않았다. 엔론은 금융위기를 겪고 파산했으며, 임원들은 무거운 징역형에 처해졌다.

많은 카리브 국가들은 세금 포탈, 돈세탁, 마약 밀매 그리고 다른 범죄 행위에 대해 우려한다. 카리브 국가들이 원하는 바는 오프쇼어 서비스가 합법적으로 활용되는 것이다. 2001년 9.11 테러이후 미국은 글로벌 자본 흐름, 특히 전략적으로 중요한 카리브 지역에서 자본 흐름을 감시 감독하고 있다.

글로벌 IT 시대에 카리브 국가들이 새롭게 개발한 다른 오프쇼어 서비스는 정보 처리, 콜센터, 인터넷 무역 그리고 텔레마케팅 사무 등이다. 보험 청구나 전화비 청구서 발송 등의 작업이 카리브 섬들에서 이루어진다. 교훈적 사례가 되고 있는 자메이카의 경험(긍정에서 실망으로 변한)을 볼 때 결과는 복합적이다. 몇몇 섬들은 서비스 산업으로부터 많은 혜택을 받았지만, 임금은 낮고 역외 통제를 받으며 콜센터와 같은 활동은 조립 공장보다 훨씬 쉽게 타 지역으로 이전이 가능하다.

마약

마리화나, 코카인, 헤로인을 포함해 미국으로 반입되는 불법 마약의 3분의 1이 카리브를 통과하는 것으로 추정된다. 많은 양이 콜롬비아에서 생산되고 있지만, 자메이카의 콕핏 지역에서와 같이 역내에서 생산되는 마리화나 등도 있다. 마약과 돈세탁은 동시에 이루어지는 작업이며, 범죄와 부패를 증가시킨다.

송금

많은 카리브 국가 경제는 미국이나 유럽 등지로부터 해외 이주민들이 가족에게 보내주는 송금의 혜택을 받아왔다. 송금은 경화나 상품으로 전달된다. 몇몇 카리브 국가들은 해외 원조보다 송금으로부터 더 많은 경제지원을 받아왔다. 일반적으로 송금이 돈을 받는 친척에게 보내지면 이들이 가장 효과적으로 돈을 사용하게 된다. 송금으로 가족들은 음식과 다른 필요 물품을 구입하고, 또는 작은 사업을 시작할 자본이 되거나 저축된다. 2003년에 미국으로부터 도미니카공화국으로 송금이 22억1천7백만 달러, 자메이카 14억2천5백만 달러, 쿠바 11억9천4백만 달러, 아이티 9억7천7백만, 트리니다드 토바고 8천8백만 달러였다. 2003년 미국으로부터 라틴아메리카와 카리브로 보낸 평균 송금액은 1인당 1800불이었다. 2004년 라틴아메리카와 카리브로의 전체 송금액은 4백억 달러가 넘었다.[7)]

04 무역과 경제통합

카리브 국가들은 무역의존도가 높으며, 쿠바를 제외하고는 미국이 제1 교역상대국이다. 자메이카 수출의 3분의 1이 미국시장으로 향하며, 수입의 약 40%가 미국산이다. 도미니카공화국 수출의 80%가 대미 수출이며 수입의 절반 이상이 미국에서 온다. 예외는 있다. 네덜란드령 앤틸리스는 무역의 상당부분을 베네수엘라와 거래한다(대부분 석유). 과들루프와 마르티니크는 유럽연합과 연계되어 있으며 대부분의 교역을 프랑스와 한다. 바베이도스 및 세인트루시아 같은 다른 구영국 식민지들은 영국이 주 교역대상국이다. 현재 쿠바의 교역 상대국은 다양하며, 수출의 상당부분을 소비하는 주 수출대상지역이 네덜란드, 캐나다, 러시아 순이다. 쿠바의 수입은 스페인, 베네수엘라, 이탈리아, 미국(금수조치에도 불구하고 식량과 의약품 수입), 중국 등으로부터 들어온다. 역사적으로 역내 교역은 작았지만 증가 추세에 있다. 트리니다드는 바베이도스나 자메이카와 같은 섬들과 교역을 확대하고 있으며 카리브의 대 라틴아메리카 수출도 확대 중이다.

경제적으로 유용할 수 있지만, 카리브 지역의 경제협력과 통합은 지역주의, 경쟁, 서로 다른 발전단계, 시장의 영세성 등으로 인해 쉽지 않다. 현재 1973년 설립되어 약 6백만의 인구를 통합하고 있는 CARICOM(카리브 공동시장)은 협력(서인도선박회사의 사례처럼)을 강화하고 있다. 그러나 공동시장으로 발전되지는 않고 있다. CARICOM은 대외공통관세나 노동력의 자유로운 이동 - 향후 목표 - 을 설정하지 않고 있다. CARICOM의 회원국은 앤티가 바부다, 바하마, 바베이도스, 벨리즈, 도미니카, 그레나다, 가이아나, 자메이카, 몬트세라트, 세인트 키츠 네비스, 세인트루시아, 세인트빈센트, 수리남, 그리고 트리니다드 토바고이다. 준회원국은 영국령 버진 아일랜드, 터크스케이커스, 앵귈라, 케이맨제도이다. 도미니카공화국, 멕시코, 베네수엘라, 네덜란드령 앤틸리스와 같은 국가들은 옵저버 국이다. CARICOM은 카리브 포럼(CARIFORUM)을 활용해 유럽연합과 무역 및 경제발전에 관해 협상해왔다. 아이티, 도미니카공화국 그리고 최근에는 쿠바가 카리브 포럼(CARIFORUM)에 가입했으며, 지역 통합과 협력 도모를

위한 노력이 진행 중이다.[8)]

CARICOM 회원국과 멕시코, 중미, 도미니카공화국을 포함하는 카리브국가연합(ACS)은 광의의 카리브 지역내 경제협력을 도모한다. 카리브 국가들은 NAFTA(북미자유무역협정)에서 제외되었지만, 카리브 국가들을 포함하는 미주자유무역지대(FTAA)를 논의중이다. 그러나 이런 조직들은 경쟁력있는 경제대국으로부터의 수입에 카리브 시장 개방을 확대시킬 것이다. 카리브 공동시장은 소규모 역내 산업을 일정부분 보호하는 카리브 공동시장이 더 나은 전략이 될 수 있다. 모두의 생활이 향상되는 경쟁력있고 지속가능한 공동체가 될 때 이 지역이 통합과 협력의 수혜자가 될 것은 자명하다. 경제통합은 발전을 가져오고 정부 실정과 부패를 밝혀낼 것이다.[9)]

05 쿠바 사례: 사회주의 경제

1959년 혁명 이후 쿠바는 카리브에서 독특한 발전 경로를 밟아왔다. 카스트로는 사회주의 정책을 채택하고 쿠바는 소련 진영과 손을 잡았다. 경제는 다변화되었지만, 설탕은 소련의 석유와 교환되어 여전히 쿠바 경제의 핵심이었다. 푸에르토리코가 경제안정을 위해 미국에 의존하는 것과 마찬가지로 쿠바는 소련에 의존했었다. 쿠바의 대소련 차입은 크게 증가했다. 쿠바는 보건과 교육 등의 사회서비스를 발전시켰다.

1990년 이후 소비에트 제국이 붕괴하자, 쿠바의 경제적 고난이 시작되었다. 소련의 석유, 기계, 비료, 외채 수입이 중단되었고, 특히, 곡물과 같은 식량 수입이 중단되어 쿠바 국민들이 고통받았다. 소득과 무역이 큰 폭으로 축소되었다. '평시 특별기간(소련 붕괴 이후 고난의 시대를 카스트로 의장이 명명)'은 쿠바로 하여금 다른 카리브 국가들과 마찬가지로 신자유주의 정책을 채택하게 만들었고, 이는 관광 산업 활성화와 외자 유치 등이 포함된다. 한동안 미 달러화도 사용이 합법화되었었다. 농부들은 시장에서 잉여 농산물을 판매할 수 있고, 카페테리아 같은 소규모 자영업이 허용되었다. 유럽, 캐나다, 라틴아메리카로부터 오는 관광객이 현재 경제를 이끌어가고 있다. 의료 관광도 쿠바가 제공하는 서비스이다.

미국은 계속해서 경제 제재를 시행중이며, 타국도 이를 따르길 원하고 있다. 미국 정부는 미국 관광객들의 쿠바 방문을 금지한다. 캐나다나 멕시코 같은 국가들은 관광, 광산 그리고 생명공학 등의 분야에서 쿠바에 투자했다.[10)]

최근에 쿠바는 베네수엘라 차베스라는 동료를 얻게 되었다. 그는 2000년 이래 쿠바에 좋은 조건으로 석유를 제공하고 있다. 베네수엘라는 조립식 주택과 같은 쿠바 상품을 구입하고, 쿠바의 의사, 기술자, 교사들이 2년이나 3년 계약으로 베네수엘라 저소득 계층 거주지역(barrio)에서 제공하는 서비스에 대해 현금으로 대금을 지불하고 있다. 차베스 정부는 쿠바내 은행 계좌에 임금을 지불하고 돈을 예치한다. 베네수엘라에서 쿠바로 복귀하는 사람들은 화장품부터 냉장고까지 여러 상품들을 비행기에 싣고 귀환하고 있다.

제6장

사람과 사회

2006년 카리브 제도의 인구는 높은 비율의 이민(참고도표 3 참조)에도 불구하고 약 4천만 명을 헤아린다. 이 인구는 1960년 이래 거의 2배로 증가한 숫자이며 각 섬마다 기복이 크다. 도미니카와 그레나다와 같은 몇몇 섬나라들은 불과 10만여 명의 인구를 가지고 있는가하면 쿠바는 1천 130만 명의 가장 많은 인구가 있다. 인구 밀도는 높은 편인데 1평방 마일 당 1,554명이 살고 있는 바베이도스의 인구 밀도가 가장 높다. 그러나 바베이도스는 1950년대에 시작된 성공적인 가족계획과 훌륭한 교육체계 그리고 생활수준의 향상 덕분에 현재 카리브에서 가장 인구증가율이 낮은 나라 중의 하나이다. 카리브 지역의 전반적인 자연 인구증가율은 1.1%로서 계속 하락하고 있으며, 남아메리카(1.5%)와 중앙아메리카(2.0%)보다 낮다. 그러나 도미니카공화국과 아이티는 각각 자연증가율이 1.7%와 1.9%로서 높은 편이다. 이 두 나라를 포함하는 히스파니올라 섬의 인구는 현재 약 1천 7백만 명이며 2025년이 되면 2천 400만 명 정도로 증가할 것으로 예상된다. 1950년 아이티의 인구는 310만 명, 도미니카공화국의 인구는 불과 210만 명이었다는 점을 상기해 볼 필요가 있다.[1] 카리브 제도의 어느 지역을 가나 자원 부족의 압박이 심하며 한정된 일자리 때문에 많은 인구가 실업자 신세를 면치 못하고 있다. 실업과 불완전 고용은 이 지역의 공통된 현상이다. 뒤에서 보겠지만, 공식·비공식적 이주는 중요한 배출구 역할을 하고 있다. 많은 카리브 국가들에서 삶의 질은 지속적으로 개선되어 왔으나 심각한 빈부 격차가 계속되는 것도 사실이다. 유아사망률은 하락하고 있고 수입과 평균수명은, 아이티의 극히 예외적인 경우만 제외하고, 대부분 나라에서 증가하고 있다. 사람들의 복지가 단지 수입에만 관련된 것이 아니라는 점을 인식한 유엔에서는 전 세계의 복지 정도를 측정하기 위해 인간개발지수(HDI)를 만들었다. 유엔은 이 지수를 통해 국가별 등급을 매기기 위해 3가지 지표 - 출생 시의 평균수명, 문맹률과 학교 등록률, 그리고 1인당 국내총생산(GDP) - 를 사용한다. 인간개발지수는 경제성장과 삶의 질을 연계시키면서, 자원이 건강과 교육과 관련하여 어떻게 효율적으로 사용되는지를 평가하려 한다. 참고도표 4는 카리브 국가들의 인간개발지수를 보여주는데 세계 29위를 기록한 바베이도스에서 153위를 기록한 아이티까지 천차만별이다. 바베이도스의 기록은 주로 관광과 오프쇼어 서비스에서 발생하는 좋은 외환 수입 덕분인 것으로 보인다. 상대적으로 소득의 상당 부분이 건강과 교육을 개선하기 위해 쓰였다. 1966년 영국으로부터 독립한 이후 정당들은 건전한 공공 행정을 실행에 옮겼고 이는 안정감을 주면서 외국인 투자를 촉진했다.[2)] 이처럼 정부의 자질은 중요하다. 바베이도스에는 또한 많은 영국 출신 이주민들이 있고 영국으로부터 돌아온 역 이민자들도 많다. 이들은 영국 겨울의 궂은 날씨와 서리를 피해 고국에서 은퇴 생활을 하기로 선택한 것이다.

바베이도스, 세인트 키츠 네비스, 바하마, 쿠바, 트리니다드토바고 그리고 앤티가바부다 등 이 지역의 6개 국가들은 높은 순위를 기록하고 있다. 바하마는 관광과 오프쇼어 서비스에 의존하고 있는 국가인데 비록 1인당 GDP는 바베이도스보다 높지만 교육과 건강 부문에 쓰이는 수입은 더 작다. 쿠바는 1인당 GDP가 상대적으로 낮지만 전반적으로 높은 순위를 기록하고 있는데, 이는 정부가 소득의 상당 부분을 교육과 건강 부문에 지출하고 있기 때문이다. 쿠바는 상당히 많은 의과대학을 가지고 있고 세계에서 환자 대 의사 비율이 세계 최고이다.[3)] 석유와 가스 생산국인 트리니다드토바고는 54위를 차지하고 있다. 높은 인간개발지수를 가지고 있는 또 하나의 카리브 국가인 앤티가바부다는 관광 산업에 크게 의존하고 있고 사탕수수 재배는 이미 오래 전에 포기했다.

0.777을 기록한 세인트루시아에서 0.738을 기록하고 있는 도미니카공화국에 이르기까지 6개 나라는 카리브 지역에서 중간 정도의 인간개발지수를 기록하고 있는 그룹이다. 그레나다와 도미니카공화국에 살고 있는 국민들은 60대의 평균 수명을 가지고 있는데 반해, 이 그룹의 다른 국가들은 70대로 진입하고 있다. 2006년에 그레나다의 평균 수명은 71세까지 증가했다.

153위를 기록한 아이티는 카리브에서 낮은 인간개발지수 그룹에 들어가는 유일한 나라이다. 아이티의 평균 수명은 2002년에 50세였으며 2006년에는 52세였다. 이 나라의 문자해득률과 1인당 GDP 역시 매우 낮다. 인구의 40% 이상이 15세 미만이고 성장하는 어린 인구를 뒷받침하기에 가장 미약한 능력을 가지고 있다. 아이티는 1804년 라틴아메리카에서 최초로 독립을 쟁취한 국가였지만 한 번도 질곡에서 벗어나 본 적이 없다. 20세기에 미국에 두 번이나 점령당한 적이 있는 아이티는 아직 정치·경제적 안정성을 이룩하지 못하고 있다.

독립국가가 아닌 카리브 지역은 인간개발지수 통계에 포함되지 않았다. 푸에르토리코와 미국령 버진 아일랜드는 미국 통계에 포함되어 있다. 과들루프와 마르티니크는 프랑스의 해외 주(overseas department)이다. 네덜란드령 앤틸리스와 아루바는 네덜란드 왕국의 일부이다. 영국 역시 몇 군데의 작은 영토를 가지고 있는데, 앵귈라, 몬트세라트, 케이맨제도, 터크스케이커스 제도 등이 그것이다. 신뢰할만한 자료에 의하면, 미독립 지역의 상황은 좋은 편이고, 어떤 지역은 매우 좋다.

예를 들어, 케이맨 제도의 평균 수명은 80세 정도이고 문자해득률은 98%이며 1인당 GDP는 무려 3만 불을 넘는다.

일부 학자들은 정치적 안정, 정부정책 그리고 사회평화가 경제발전을 앞당기는 핵심 요인으로서 투자를 끌어오고 삶의 질을 향상시킨다고 말한다.[4] 다른 학자들에 따르면, 경제적 자유(무역정책, 정부개입, 통화정책 등의 요인들에 따라 평가)를 향유하고 있는 국가들이 높은 비율의 장기적 경제 성장을 이룩했다.[5] 전체적으로 볼 때, 관광을 포함한 서비스 산업으로 이동하고 있는 카리브 지역 경제는 급속히 팽창하고 있으나 자연재해, 북반구의 경제침체와 관광산업의 추세 변화 등에 취약점을 노출하고 있다.

01 도시화

카리브 지역은 도시가 발달한 오랜 역사를 가지고 있다. 그러나 제2차 세계대전이 끝난 후 본격적으로 사람들이 시골에서 도시로 이동하면서 카리브 제도의 도시화가 급속히 이루어졌다. 1960년 카리브의 인구 가운데 약 38%만이 도시에 살았으나[6] 2006년이 되면 65%에서 70%의 카리브 인구가 도시 지역에 거주하고 있다. 농업이 쇠퇴하면서 해안의 도시 지역이 확장되었다. 마르티니크(95% 도시화), 바하마 군도(89% 도시화), 푸에르토리코(94% 도시화) 등과 같은 몇몇 도서 국가들은 압도적인 도시화 비율을 보인다. 반면 세인트루시아(30% 도시화), 세인트 키츠 - 네비스(35% 도시화) 그리고 아이티(36% 도시화)와 같은 지역은 도시화가 매우 미약하다(참고도표 3 참조). 일반적으로 말하자면, 인구의 도시유입으로 인해 도시지역의 인구증가 비율이 농촌 지역에 비해 매우 높다.

도시화의 증가는 여러 가지 이유로 설명할 수 있다. 젊은이들은 도시에 더 좋은 경제적 및 교육적 기회가 있다고 믿는다. 자신들에게 그 기회가 돌아오지 않더라도 자식들에게는 돌아올 것이다. 시골의 저임금 노동이 결코 매력적이지 않은데 반해, 열악한 주거환경과 높은 실업률이 공통된 도시문제임에도 불구하고, 도시의 불빛은 매우 유혹적이다. 자메이카의 킹스턴 같은 도시는 인구 유입에 대처할 수 없어서 인구과밀, 오염 그리고 누추한 판자촌을 낳고 있고 이 지역의 범죄, 마약, 강도 등도 증가하고 있다. 최악의 슬럼 가운데 하나가 아이티 포르토프랭스(Port - au - Prince)에 있는 시테 솔레(Cite Soleil)인데, 이곳에서는 도저히 화장실을 사용할 수 없어서 사람들이 거리의 도랑에 일을 보는 실정이다. 한편, 특히 스페인어권 지역에 있는 일부 도시들은 역사적인 건물과 하부구조를 복원하는 노력 덕분에 면모를 일신하기도 했다. 산토도밍고와 아바나는 유네스코가 지정한 세계문화유산이 되었다.

적절한 주택과 도시 하부구조의 결핍은 대부분 카리브 국가에서 가장 큰 현안이다. 새로 도시로 유입되는 많은 이주자들은 처음에는 변두리의 판자촌보다는 시내의 슬럼가에 자리 잡는다. 그들은 버려진 땅을 무단점유하고 구겨진 철사와 골판지 그리고 플라스틱 판자로 움막을 세운다. 시간이 지나면서 주민들은 자가 주택을 개선하고, 정부에서도 때로는 수도, 하수도, 전기 등의 서비스를 제공한다. 대부분의 카리브 국가들은 중심 도시를 가지고 있는데, 이곳은 다른 어느 곳보다 몇 배나 더 넓고 행정 및 상업 활동의 주도권을 잡고 있다. 그 예로서, 도미니카공화국의 산토도밍고(2백만의 인구)와 푸에르토리코의 산후안(1백만 인구)을 들 수 있다. 쿠바에서는 비록 카스트로가 지방발전을 강조하고 있음에도 불구하고, 220만 명의 인구를 가진 쿠바의 아바나가 모든 주도권을 쥐고 있다. 쿠바의 사회주의 플랜은 지방의 농촌 마을들의 성장을 낳았고 학교와 보건소가 시골에 많이 세워졌다. 전체 국가 인구를 기준으로 보았을 때, 중심 도시들에 살고 있는 인구의 비율은 매우 높다. 산후안은 30%가 넘고 트리니다드토바고의 포트 오브 스페인은 40% 정도이며 바하마의 나소는 50%에 육박한다. 중심 도시들은 그 나라의 정치·경제적 중심지로서, 글로벌 네트워크로 연결하는 매개 역할을 수행한다.

카리브 국가의 도시들은 미국의 도시들과 매우 유사한 방식으로 발전하고 있다. 즉 중산층이 외곽으로 빠져나가고, 시내에는 고층의 비즈니스 건물들, 금융 지역, 열악해져가는 주택과 쇼핑가가 자리 잡은 중앙 비즈니스 지역(CDB)이 형성되는 것이다. 시내의 슬럼가와 변두리의 판자촌은 공통된 현상이다. 부자와 가난한 사람들의 사는 곳은 구별되어 있다. 쇼핑센터는 일부 공업 단지와 함께 변두리에서 발전한다. 바베이도스의 브리지타운, 마르티니크의 포트드프랭스, 트리니다드의 포트 오브 스페인 등 많은 군소 국가들의 중심 도시들은 매우 빠르게 성장하면서 제어할 수 없을 정도의 도심부 확장을 야기하여 도시화 현상으로 언급되고 있다. 항구 지역의 재개발은 점점 일반적인 추세로 증가하고 있어서, 유람선이 정박하기 위한 부두 공사가 진행 중이고 면세점과 식당 등 관광객을 끌기 위한 매력적인 항구 조성에 힘쓰고 있다.

02 이주

남아메리카의 아라와 부족과 카리브 부족이 본토를 떠나 정착한 이래 카리브는 역사적으로 이주나 인구 순환과 관련이 많은 지역으로서 유입된 인구가 주종을 이루었다. 16~17세기에는 아프리카와 유럽인들이 이주하면서 사실상 원주민들이 절멸하였고, 19세기에는 계약노동을 맺은, 주로 인도와 중국 출신의 아시아 이주민들이 유입되었다.

따라서 카리브 지역은 아프리카, 유럽 그리고 아시아 인종이 혼합되어 세계에서 가장 다양한 인구 구성을 볼 수 있는 곳 가운데 하나이다. 이주와 유동성은 카리브 사람들에게 있는 그대로의 현실이다.

20세기 초반에는 카리브 지역 내에서의 이주가 유행이었다. 사탕수수 노동자들이 자메이카와 아이티에서, 미국의 세금 우대 혜택을 받은 쿠바나 도미니카공화국의 비옥한 사탕수수 농장으로 이동했다. 바베이도스, 자메이카 등의 노동자들은 파나마 운하 건설 현장에서 일했고 일부는 바나나 농장에 일자리를 얻으면서 중앙아메리카에 잔류했다. 또한 1920년대에는 트리니다드와 네덜란드령 앤틸리스에 석유단지가 건설되자 많은 사람들이 이 지역으로 이동하기도 했다. 경제공황 시절에는 일자리와 기회가 줄어들자 많은 사람들이 고향으로 돌아왔으나, 제2차 세계대전이 발발하면서 미국이 세인트 토마스와 다른 일부 지역에 건설한 미군 기지는 자석과 같은 노동 수요를 불러일으켰다. 전쟁 기간 중에는 미국 본토의 노동 수요가 카리브 사탕수수 노동자들을 끌어와서 다른 농업에 종사하게 했는데 이는 지금도 지속되고 있다.

20세기 후반 이후 카리브 지역으로부터 빠져나가는 이주가 일반적인 현상이 되고 있으며 이는 인구 압력, 경제적 여건 그리고 정치 상황을 반영하는 것이다. 일부 분석가들은 사람들이 일자리를 찾아 (해외를 포함) 어디든지 움직일 수 있는 기동성을 갖춘 것과 가족에 대한 책임감이 카리브 인구의 순환 현상을 낳았다고 보고 있다. (많은 경우 단기적인) 이주는 경제적 생존을 위한 전략으로 비치고 있는 것이다.

제2차 세계대전 직후 많은 사람들이 노동력 부족에 시달리던 서유럽으로 떠났다. 자메이카와 같이 영국과 관련 있는 나라의 사람들은 영국 사람들이 꺼리는 일자리였던 운송과 병원 노동자로 일하기 위해 런던과 미들랜드의 공업단지로 이동했다. 서인도 사람들은 이미 전쟁

중에 영국에서 일을 하고 있었지만, 대형선박인 윈드러시(Windrush)호가 처음으로 대규모의 서인도 이주민들을 태우고 사우샘프턴에 도착한 것은 1948년이었다. 1962년이 되자 인종적, 경제적 문제점을 우려한 영국 정부는 최초의 이주법을 제정하여 영연방 국가들(카리브 일부 국가들과 인도, 파키스탄 포함)로부터의 이주를 통제했는데 이는 영국으로 유입되는 서인도 사람들의 이주를 효과적으로 감소시켰다. 초기 이주민들이 은퇴할 연령이 되자 일부는 따뜻한 겨울과 가족을 찾아 바베이도스와 같은 고향으로 돌아가는 길을 택했다. EU 시민으로서 프랑스령 서인도인들은 프랑스로, 네덜란드령 서인도인들은 네덜란드로 일자리와 교육의 기회를 찾아 이동했다. 젊은 이주민들은 종종 유럽 사회에서 불청객이 된 느낌과 소외감을 체험하며 그 사회에 온전하게 통합되는 데에 어려움을 겪었다. 반면 일부 유럽인들은 거꾸로 카리브에서 사는 길을 택하기도 했다.

1960년대 이후로 대부분의 카리브 출신 이주자들은 압도적인 비율로 미국으로 향하고 있다. 미국에는 5백만 명이 넘는 카리브 출신의 이주자가 살고 있다. 그 가운데 2백만 명 이상이 푸에르토리코 출신인데 그들은 미국 시민권자로서 이민자로 간주되지 않는다. 이들이 가장 선호하는 도시는 뉴욕이었다. 많은 사람들이 가족을 방문하기 위해, 고향에 별장을 가지기 위해 혹은 노후 생활을 보내기 위해 푸에르토리코로 돌아간다. 쿠바인들은 10년 전쟁(1868~1878)이 시작된 이래 오랜 세월에 걸쳐 미국으로 이주해 왔다. 쿠바의 애국자인 호세 마르티 역시 몇 년간 뉴욕에 살았다. 쿠바 이민자의 숫자는 독재자 바티스타가 정권을 잡고 있던 1950년대에 증가하다가 1959년 피델 카스트로의 혁명 이후에 급증하게 된다. 혁명 후에 약 1백만 명의 쿠바인들이 정치적 망명을 요구하면서 미국으로 이주한다. 대부분 마이애미 지역에 살고 있는 쿠바 망명객들은 쿠바에 대한 강경한 정책을 계속하라고 미국 정부에 압력을 넣는 정치적 로비 활동을 벌이고 있다. 미국에 오는 쿠바 이주민의 숫자는 1년에 2만 명으로 제한되어 있다. 이 숫자에 덧붙여, '젖은 발, 마른 발(wet foot, dry foot)' 정책에 따라, 육지에 도착하는 쿠바인들은 미국 땅에 남을 수 있다. 쿠바인들은 아이티인들과 달리 대접을 받았다고 할 수 있다. 미국 내에서 이주민 비율이 가장 높은 도시인 마이애미에는 '리틀 아바나' 와 '리틀 아이티'가 있다.

1965년에 제정된 '이민 및 국적법'에 따라 카리브 사람들의 미국 이주가 증가하였다. 특히 이미 미국에 정착해 있던 여러 카리브 공동체들도 카리브 모든 지역으로부터의 이주를 유인하여, 특히 많은 사람들이 건너왔고 특히 아이티와 도미니카공화국 사람들이 많았다. 도미니카공화국 사람들 가운데 뉴욕에 친척이 있는 소위 '도미니칸욕(dominicanyork)'은 든든한 후원자를 가진 행운아들이다. 한편 자메이카와 그 밖의 영어권 카리브 지역 출신 이주자들은 미국 북동부, 특히 뉴욕에 밀집해 살고 있다. 크라운하이츠와 브루클린에서 카니발은 노동절 행사의 필수 프로그램이 되었다. 보스턴에도 약간의 서인도제도 출신자들의 동네들이 있다. 캐나다에도 카리브 공동체들이 많이 존재하는데, 몬트리올에는 아이티 사람들이, 토론토에는 자메이카를 비롯한 영어권 카리브 사람들이 특히 많다. 교육, 가족 방문, 체류기간 만료 후의 정착 등 여러 가지 이유로 이제 카리브와 북미의 인적 순환은 일상적인 것이 되었다. 9.11 테러 이후 미국은 '모국 안보(homeland security)'의 일환으로 입국 심사를 대폭 강화하고 있다.

합법이든 불법이든, 이주는 카리브의 인구 압력, 가난, 실업 등의 문제를 경감해 주고 있다. 이주자들은 고향의 가족들에게 송금하여 하루하루의 생계를 돕고 있다. 자메이카에서는 미국에 있는 가족이 보내주는 일용품에 의지하여 살아가는 아이들을 '배럴 칠드런(barrel children)'이라 부른다. 그 물건들이 주로 큰 컨테이너에 실려서 오기 때문이다. 이주는 카리브 사람들이 과거의 경제적 빈곤 시대를 극복할 수 있는 하나의 방편이었다. 이주는 재능과 기술과 야심을 가진 인적 자원의 유출로 인해 '두뇌 고갈' 현상을 낳았지만 그것은 앞으로도 가난과 기회 박탈에 대한 불가피한 반응이 될 것이다. 이주와 인적 순환은 카리브 지역에 활기와 근대성을 가져다주었다. 카리브인들은 카리브, 북미 그리고 유럽의 여러 도시들을 포함한 탈국가적 네트워크에 자주 연루되어 있다. 게다가 카리브 문화와 사람들은 북미와 유럽의 라이프스타일과 사건들에 지대한 영향을 주고 있는데, 특히 인적자원, 노동력, 사상, 에너지 등에서 끼치는 바가 크다. 영국에서 카리브 출신의 저명인사로는 서 트러버 맥도날드(Sir Trevor MacDonald), 다이안 애보트(Dianne Abbott MP), 그리고 린포드 크리스티(Linford Christie OBE)를 들 수 있고, 미국에서는 전 국무장관인 콜린 파월(부모가 자메이카 출신)과 제니퍼 로페스(푸에르토리코) 등이 있다. 많은 제2, 제3 세대의 카리브 공동체들은 이제 카리브와 무관하게 존재한다.

03 다양성

카리브는 다인종과 다언어 사회로서 세계에서 가장 다양성을 보이는 지역 가운데 하나이다. 이는 지역적 일체감을 형성하는 것을 어렵게 하고 있다. 노예무역을 통해 아프리카에서 온 사람들은 주로 서아프리카의 세네감비아, 황금해안, 배냉 해안, 비아프라 해안과 중서부 아프리카 출신이다. 유럽인들은 스페인, 프랑스, 네덜란드, 영국, 덴마크, 포르투갈, 독일, 마데이라 군도 그리고 카나리아 군도 출신이며, 여기다가 시리아와 레바논 출신들이 인종 혼합을 가속화했다. 주로 중국과 인도 출신인 아시아 사람들 역시 문화적 무늬를 풍요롭게 만들었다. 이 가운데 아프리카 출신 인구가 가장 많다. 이 지역에서 쓰이는 언어는 스페인어(60%), 영어(16%), 프랑스어(22%), 네덜란드어(2%) 등이 있고 이밖에 네덜란드령 앤틸리스에서 쓰이는 파피아멘토와 다양한 크레올 방언들이 존재하는데 특히 아이티에서 널리 쓰이는 크레올(Kréyol)이 대표적이다.

사람들은 자신이 속한 섬에 충성심을 보이며 어떤 이들은 이웃 나라를 경시하기도 한다. 예를 들어, 많은 비율의 인구가 스스로 백인이라 생각하는 푸에르토리코 사람들은 도미니카공화국 사람을 열등하다고 인식하고, 자신들의 혼합문화 유산을 자랑스러워하는 도미니카공화국 사람들은 나름대로 아이티인들을 경시한다. 사람들은 특정 민족 그룹과 동질성을 나누는 경향이 있기 때문에 때로는 국가적 충성심이 문제될 수 있다. 예를 들어, 다인종 국가인 트리니다드 국민들은 스스로를 트리니다드 사람이라 간주할 수 있지만 한층 더 들어가면 아프리카 계통인지 인도 계통인지에 따라 줄을 서야 하는데 이는 현재 쟁점 중에 있는 정치적 분열 상태를 잘 보여준다. 한편 토바고 사람들은 설사 정치적으로 연관되어있다 치더라도 스스로를 트리니다드 사람들과 다르다고 인식하기 쉽다. 인종적 민족은 민족성 문제를 더욱 복잡하게 만들 수 있다. 마찬가지로, 민족적이고 인종적인 배경은 사회 계급 문제에 영향을 줄 수 있다.[7]

'인종'에 대한 사상은 수많은 이종족간 혼합에도 불구하고 정체성 문제를 어렵게 만들고 있는데, 광범위한 물라토 계층 사이에서 피부의 하얀색 정도는 여전히 부나 권력과 연관되어 있다. 예를 들어, 마르티니크에서 베케스(békés)라 알려진 크레올 백인은 이 섬의 부를 상당 부분 통제하고 있다. 가난하고 소외된 계층은 대체로 흑인들이며 부나 교육 같은 요소에 의해 '백인화'될 수도 있다. 카리브 지역에서 피부색과 관련하여 드리운 그림자는 많다. 일부 전문가들은 피부색이 최근 몇 년간 사회계급지표로서의 중요성을 점차 상실해 가고 있다고 말한다. 이런 현상은 세인트루시아와 세인트빈센트처럼 대부분이 흑인이고 새로운 흑인 엘리트가 형성되고 있는 동부 카리브 지역의 작은 나라들에서 볼 수 있다. 그러나 상당수 인구가 유럽에 그 혈통적 뿌리를 두고 있는 큰 나라들, 특히 스페인어권 국가들에서는 찾아보기 힘든 현상이다. 일례로, 도미니카공화국에서는 유럽인의 후손으로서 상대적으로 밝은 피부를 가지고 있는 사람들이 전통적인 지주나 상인 그리고 전문직 종사자들이었다. 더 어두운 피부를 가진 사람들은 도시나 시골의 빈곤 계층에 속한다. 비록 인종적 편견이나 차별이 줄어들고 있는 것은 사실이며 인종간 혼인도 이젠 이상하게 보는 일이 없지만, 이런 종류의 인종 구분은 거의 모든 섬에서 공통적인 것이다. 카스트로가 반 인종차별정책을 강력하게 추구하고 있는 쿠바에서조차 가장 가난한 계층은 흑인이다.

거대한 만이 카리브 지역의 부자와 빈자를 갈라놓고 있다. 세계경제의 관점에서 볼 때, 이 지역은 상대적으로 (아이티만 제외하고) 풍요롭지만 많은 섬나라들은 아직 지독한 가난에서 벗어나지 못하고 있다. 푸에르토리코에서는 반수 이상의 국민들이 보조금의 지급을 받는 빈곤층이다. 많은 자메이카 국민들은 극심한 가난을 겪으며 척박한 시골의 토굴이나 도시의 판자촌에 살고 있다. 영양실조는 아직도 많은 빈민들을 위협하고 있다. 세계인구의 절반이 하루 2달러 이하의 돈으로 살고 있으며, 자메이카에서는 약 13퍼센트의 인구가 하루 2달러 이하의 돈으로 살고 있는 것으로 추정된다. 트리니다드토바고는 산유국임에도 불구하고 이 비율이 20%에 달한다.[8] 많은 카리브 사람들은 잦은 정전사태를 비롯하여 열악한 서비스를 가진 주택에서 살고 있다.

다양성은 가족 구조의 형태에서도 명백하게 나타난다. 혼인관계 없이 동거하거나 같이 살지도 않으면서 관계를 이어가는 형태로부터 합법적인 결혼에 이르기까지 다양한 형태의 남녀 관계가 발견된다.[9] 정식 결혼식은 남자가 주택을 구입하고 결혼식 비용을 댈 수 있으며 아내를 부양할 능력이 있는 경우에만 행해지는 경향이 있다. 그렇지 못하다면 왜 결혼을 하는가? 따라서 많은 아이들이 혼외에서 태어나며 미혼모인 어머니와 함께 살아간다. 많은 카리브 여인들은 매우 독립심이 강하며 자녀 양육에 도움을 제공하는 가족이나 공동체 네트워크에 편입되어 살고 있다. 가족은 카리브 사회의 강력한 구성원이며 빈번한 이주에도 불구하고 가족의 끈은 유지되고 있다.

04 보건

카리브 도서국가 전체 인구의 4분의 1 이상(1,130만 명)을 차지하고 있는 쿠바는 세계에서 가장 훌륭한 보건 시스템을 가지고 있는 나라 가운데 하나이다. 보건상태의 좋은 지표가 되는 유아사망률은 1천 명당 5.8명이라는 놀라운 수치를 보여주는데, 이는 영국(5.2명)보다는 조금 못하지만 미국(6.6명)이나 푸에르토리코(9.8명)보다는 좋은 상태이다. 피델 카스트로가 권력을 잡은 후 쿠바에서는 GDP의 많은 부분이 건강 개선에 투입되었다. 이는 의사들에게 상대적으로 낮은 임금을 주는 집단보건 체제에 기반을 두고 있다. 열악한 급료 때문에 일부 쿠바 의사들은 수입을 늘리기 위해 택시 운전을 하기도 한다.

여타 카리브 국가들의 보건 시스템도 1950년대 이후 개선되고 있다. 아이티(52세)와 도미니카공화국(68세)만 제외하고 대부분 국가에서 평균 수명이 70세를 넘기고 있다. 사망률, 출생률 그리고 유아사망률은 상당히 떨어졌다. 그러나 아이티와 도미니카공화국의 1천 명 당 유아사망률은 각각 80명과 31명으로서 상당히 높은 편이다.

많은 정부, 특히 바베이도스와 바하마는 1980년대에 일어났던 것처럼 경제불황과 함께 재원이 고갈할 위험에도 불구하고, 보건에 높은 비율의 예산을 쓰고 있다. 이 예산은 주로 간호사, 간호보조사 그리고 조산원들의 교육에 쓰이고 있다. 공중보건 정책은 더욱 안전한 식수를 먹을 수 있게 하여 도시 거주자의 90% 이상이 개선된 식수를 제공받고 있다. 어린이 예방접종 시스템은 성공적이고 가족계획 프로그램 역시 산모 사망률뿐만 아니라 출생률을 감소시켰다. 대부분의 카리브 도서국가 여성들은 푸에르토리코만 제외하고 유급 육아휴가 자격을 가지고 있다. 예를 들어 바베이도스와 도미니카공화국 여성들은 모든 급료를 받는 12주의 육아 휴가를 가질 수 있다. 바하마와 앤티가바부다에서는 급료의 60%를 받고 13주의 육아 휴가를 갖는다. 쿠바는 제일 관대하여 모든 급료를 주는 가운데 18주의 육아 휴가가 있다.

말라리아, 황열병, 소아마비 등의 질병은 억제되고 있다. 이제 카리브 보건에 위협 요소가 되는 것은 심장병, 암, 비만, 당뇨, 고혈압 등의 소위 '부자병'이다. 또한 마약, 폭력, 에이즈 등도 카리브 사람들의 건강을 위협하고 있다.

05 여성

카리브 여성들은 섬 생활과 노동에 활력을 주고 주도권을 쥐고 있다. 노예생활 시절 아프리카 출신 여성들은 사탕수수 농장에서, 농장 부엌에서, 침대에서, 그리고 시장에서 일했다. 그들은 수출 곡물을 생산하고 음식을 만들고 아이들을 낳았다. 남성과 마찬가지로 노예 여성들도 노예제에 항거해 싸웠다. 자메이카의 유명한 여성 지도자였던 '나니'는 1739년 영국에 대항하는 마룬(Maroon) 반란을 이끌었다. 그녀는 현재 국가적인 영웅이다. 도냐 마리아나 그라할레스 데 마세오는 쿠바 독립전쟁에서 9명의 자식을 잃었는데, 쿠바의 어머니로 추앙받고 있다.[10)] 자메이카의 나이팅게일이라 할 수 있는 메리 시콜은 크리미아 전쟁(1854~1856)에서 훌륭한 간호 기술을 발휘하여 부상당한 영국 병사들을 돌보았다. 1930년대에 영국계 카리브 국가 여성들은 노동조합의 회원이 되어 더 낳은 임금과 노동조건을 위해 싸웠다. 여성들은 이후에도 노동운동에 항상 적극적이었다.

오늘날 여성들은 그것이 임금 노동이든, 자영업이든, 아르바이트 혹은 비공식적 노동이든 간에 카리브 경제와 노동력에서 점점 더 중요한 역할을 하고 있다. 대부분 가사를 책임지고 있는 카리브 여성들은 자신과 자식들을 먹여 살리기 위해 자급자족할 곡식을 심는 등 여러 가지 방법을 사용한다. 그들은 보통 여성 상조회에 가입되어 있다. 여성들은 경제적 독립과 행동의 자유를 중요시하고 있다.

교육받은 중산층 여성들은 전통적으로 교사나 간호사 직업을 가지고 있는데 점차 행정이나 기술 분야로도 진출하고 있다. 평균적으로 여성들은 남성보다 더 많은 햇수의 교육을 받고 있으며 대학과 전문대학에서 대다수를 차지하고 있다. 공장에서 낮은 임금을 받고 일하는 여성들은 주로 의류나 조립 작업에 종사한다. 임금은 낮은 편이지만 중국만큼 낮지는 않다. 나프타, 즉 북미자유무역협정(1994) 이후 일부 조립 공정이 멕시코로 이동했다. 텔레마케팅과 함께 항공사나 은행을 위한 많은 역외 정보처리 서비스 산업이 카리브 지역에 자리를 잡았으나 그 성과가 생각했던 것만큼 좋지는 않다.

대부분의 카리브 국가들은 남성보다 여성 인구가 더 많은데 이는 남자들의 높은 이주 비율을 반영한다.[11] 여성들의 국제적인 이주 비율은 1970년대 이후 증가했고 현재 영어권 카리브 국가들에서는 남자보다 여자들의 이주 비율이 더 높다. 여성들은 미국의 병원이나 요양원에서 직업을 얻는다. 모든 카리브 지역에서 여성들의 평균 수명이 남성보다 높다. 마르티니크에서 여성들은 평균 82세까지, 푸에르토리코에서는 81세까지 사는데 이는 미국 여성의 평균 수명 80세보다 높은 수치이다. 한 여성의 평균 출산율은 최근 들어 대폭 감소했다. 바베이도스, 쿠바, 푸에르토리코, 트리니다드토바고 등 여러 나라의 평균 출산율은 2명 이하이며 이는 인구유지 기준보다 낮은 것이다. 쿠바는 국회의원의 4분의 1 정도가 여성으로서 여성의 정치 진출이 가장 높은 국가인데 이는 법으로 정해진 할당량 때문이다. 데임 유진 찰스는 1980년부터 1995년까지 도미니카의 수상이었고, 자메이카에서는 2006년 포르티아 심프슨 밀러라는 최초의 여성 수상이 탄생했다.

제7장

문 화

카리브 지역은 아프리카와 아시아, 유럽의 문화가 창조적으로 뒤섞여 활력 있고 흥겨운 것이 특징이다. 많은 전문가들은 이러한 카리브 특유의 문화적 다양성의 원인으로 인종과 문화의 혼합을 꼽는다. 이 지역에서는 제2차 세계대전 종전 이래 비로소 독자적이라 할 수 있는 문화혁명이 시작되었는데, 음악 부문에서는 카니발, 칼립소, 레게, 스틸 밴드 등 이제는 국제적으로 널리 알려진 흥겨운 음악 스타일을, 문학 부문에서는 시와 극본, 수필, 소설 등의 장르에서 세계적 수준의 작품들을 탄생시키며 데렉 월콧(Derek Walcott)과 V.S. 네이폴(Naipaul) 등의 노벨상 수상자들을 배출했다. 문학 작품의 소재는 반식민주의적인 내용에서부터 독립투쟁, 민족주의, 이민, 망명, 추방과 귀환 등에 이르기까지 다양하다. 현지 원주민의 방언 역시 카리브의 생생한 삶과 문화를 알리는 언어로서 자연스럽게 사용되었다. 하지만 최근의 문학 동향은 카리브의 풍요로움과 다양성, 비정형성 등을 특징으로 하는 크레올적 본성을 강조하는 추세이다. 이처럼 카리브의 문화는 다문화적 요소들과 형식을 혼합한 퓨전에 그 특징이 있다고 봐야 할 것이다.

스포츠 부문에서는 영어권 카리브의 크리켓, 스페인어권 카리브의 야구, 그리고 전 지역에 공통적인 축구와 농구가 상당한 인기를 누린다. 또한 올림픽에서도 국제적 경쟁력을 인정받고 있는데, 특히 권투와 육상부문에서는 주목할 만한 결과를 내고 있다. 종교 역시 아프리카와 유럽의 각종 의식과 믿음이 혼합되어 혼합종교로 알려진 새로운 형태의 조합을 창출했다. 카리브의 문화는 미술, 발레, 의상, 음식, 연극 등 다양한 부문에서 독창성을 유지하고 있으나, 여기서는 음악, 문학, 종교, 스포츠 그리고 음식에 초점을 맞춰 보도록 하겠다.

01 음악

트리니다드의 수도 포트오브스페인에서 한 달 넘게 지속되는 카니발은 카리브 최고의 축제로 꼽힌다. 원래 사순절 이전에 시작되어 각종 술자리와 행렬, 춤과 노래, 가장무도회 등이 펼쳐지는 대규모 축제였다. 카니발은 '마디 그라스(Mardi Gras)'(혹은 '뚱뚱한 화요일')에 끝나며 곧이어 단식 기간이 시작된다. 럼(Rum)은 카니발의 중심적 요소이며 카리브 대중문화에 필수적이다. 카니발은 노래와 춤, 그리고 각 지역의 다양한 전통문화 행사가 펼쳐졌으나 지금은 관광객 유치를 위해 대부분 지역에서 비슷한 내용의 카니발이 펼쳐진다. 예를 들어, 사탕수수 수확이 끝날 즈음 즐기는 바베이도스의 크롭 오버(crop - over)나 자메이카의 존코누(Jonkonu)가 그것이다. 이러한 카니발 문화는 런던의 노팅힐 카니발에서 볼 수 있듯이, 이 지역 출신의 이주자들에 의해 세계 다른 지역으로 전파되었다. 이 외에 전통적인 카니발은 리우 데 자네이루가 유명하다. 미국 내의 카니발은 '크레올' 문화의 고향이라 할 수 있는 뉴올리언즈가 대표적이다.

카니발 송(carnival song)인 칼립소는 사회전반을 소재로 하여 유머러스한 스타일로 흥미와 교훈적인 내용을 담고 있다. 이러한 민속 유머(Folk wit)는 카리브 문화의 핵심 요소로서 사람들을 우스꽝스럽게 만들며 밑바닥 체험을 하게 한다. '마이티 스패로우'(Slinger Francisco, 1935~)를 포함한 많은 칼립소 예술가들은 서정성, 유머, 위트, 상상력 등으로 카리브 내에서뿐만 아니라 세계적으로 유명하다. '마이티

스패로우'는 70개가 넘는 앨범을 발표했다. 자메이카계 후손으로 뉴욕의 할렘에서 태어난 해리 벨라폰테(Harry Belafonte 1927~)는 현재 칼립소 최고의 가수로 인정받고 있다. '데이오, 데이오(Day O, Day O)'라는 노래를 가지고 '바나나 보트 송(Banana Boat Song)'으로 널리 알려진 그는 훌륭한 배우이자 미국의 대이라크 정책을 비판하는 사회비평가이기도 하다.

가수이자 작사가이며 기타리스트였던 레게(reggae)의 전설 밥 말리(Bob Marley, 1945~1981)는 자메이카 킹스턴의 흑인 빈민가에서 태어났다. 보통 레게는 자메이카 빈민가의 열악한 환경을 반영하고 있으며 노예제도와 압제가 판치던 옛 식민지 시절의 역사를 주된 소재로 삼고 있다. 레게는 룸바와 같은 아프로 - 라틴아메리카의 음악 형식과 아프로 - 북아메리카의 재즈와 리듬 앤 블루스 등을 포함하여 다양한 음악 스타일이 종합된 것이다. 이것은 아프로 - 자메이카인들의 종교음악과 1960년대 초반에 인기를 끌었던 스카(ska: 자메이카 민속 리듬: 역주)에 그 기원을 두고 있는데, 날카로운 사회 및 정치 비판이 두드러진다.[1)]

밥 말리는 1966년 에티오피아의 황제 하일레 셀라시에가 자메이카를 방문한 이래 라스타파리아니즘(Rastafarianism)*에 빠져들었다. 말리의 음악은 관용과 사랑, 단합이라는 정신적 메시지를 담고 있다. 마리화나 문화를 포함하는 라스타파리아니즘은 말리 음악의 중심이다. 1960년대 '웨일링 웨일러(Wailing Wailers)'를 부르며 음악 활동

---

* 라스타파리아니즘은 에티오피아 황제였던 하일레 셀라시에(1892～1975)의 본명인 '라스타파리'에서 이름을 딴 것이다. 이는 예수 그리스도를 흑인으로 보고 하일레 셀라시에를 재림한 그리스도로 섬기는 신앙운동이었다. 또한 흑인들의 고향이자 약속의 땅인 아프리카, 특히 에티오피아로 돌아가자고 주창했다. 1950년 자메이카 킹스턴의 빈민가에서 생겨난 라스타파리아니즘은 밥 말리의 사상적 기반이 되었다(역주).

을 시작한 밥 말리는 〈캐치어파이어(Catch a Fire)〉(1972)와 〈버닝(Burnin')〉(1973) 등의 앨범으로 국제적 명성을 얻게 되었다. 특히 〈버닝〉에는 사회의 가난하고 소외된 계층을 일깨우기 위한 '겟업 스탠드업(Get Up, Stand Up)'이 수록되어 있다. 이처럼 많은 레게음악이 자메이카의 사회 및 경제적 불평등을 주제로 다루고 있다.

말리는 1970년대의 정치적 혼란기에 당시 자메이카 수상이었던 마이클 맨리 앞에서 '러브 피스(One Love Peace)' 콘서트를 가졌다. 이 슈퍼스타는 후일 유엔 평화메달도 받았으나 암을 이기지 못하고 1981년에 세상을 떠났다. 그의 장례식은 여러 정치인들이 참석한 가운데 자신의 고향에서 국장으로 거행되었고 이 자리에서 자메이카의 훈장이 추서되었다. 그의 음악은 아직 살아있으며 많은 저작료는 자메이카 내 자신의 이름을 딴 재단에 속속 쌓이고 있다. 레게는 아프리카를 필두로 전 세계적으로 퍼져나갔으며, 가사는 도덕적 내용을 주로 담고 있다. 이 외에도 '버닝 스피어', '마이티 다이아몬드', '써드 월드', 그리고 피터 토쉬 등의 레게 음악가들이 유명하다. 오늘날 레게 음악은 굶주림, 중동 평화, 세계 온난화 등을 주제로 하고 있으며 많은 팬들을 가지고 있다.

카리브 지역에서 음악과 춤은 특정 섬들과 연관되어 있으나 이 모두에는 아프로 - 카리브적 박동이 공통적으로 들어가 있다. 쿠바는 단손(danzon)과 쏜(son)을, 자메이카는 레게를 가지고 있다. 칼립소와 동인도 음악의 결합체인 소까(soca)과 칼립소는 트리니다드와 관련된다. 또한 유럽과 아프리카 리듬이 결합된 메렝게는 도미니카공화국, 주크(zouk)는 마르티니크와 과달루페의 것이며, 살사(salsa)는 뉴욕의 가난한 이민자 지역에서 탄생하여 푸에르토리코와 카리브 지역 전반으로 퍼져나갔다. 푸에르토리코 출신으로 이제 세계적인 살사 음악의 스타가 된 리키 마르틴(Ricky Martin)은 자신이 물려받은 이러한 유산을 매우 자랑스러워한다.

랩(rap)과 힙합(hip - hop)은 현재 음악계의 주류를 이루고 있다. 랩(리듬과 시)은 1980년대 미국 흑인 게토 지역에서 시작되어 카리브 지역의 흑인 빈민가로 빠르게 퍼져나갔다. 랩은 고동치는 리듬과 비트보다는 슬랭의 독백 형태를 띠는데, 그 내용은 주로 폭력, 섹스, 인종, 마약 등을 담고 있다. 랩은 전 세계 젊은이들의 반문화적 언어이다. 힙합은 랩에 비하여 음악적 요소가 다분하며 춤을 추기에도 알맞은 형식이다. 최근 카리브에서 일어난 음악적 변화로는 퓨전 음악을 들 수 있는데, 트리니다드의 처트니(chutney), 자메이카와 런던의 댄스홀(dancehall: 레게머핀(raggamuffin)으로도 알려진), 영어권 카리브 지역의 랩소(rapso) 등이 있다. 다양한 요소들이 결합된 이러한 퓨전 형식은 단지 음악에만 국한된 것이 아니라 카리브 지역의 문화적 특징을 가장 잘 대변해주는 특징적 요소이다. 승용차, 가정집, 술집, 버스 등에서 흘러나오는 음악들은 카리브 지역의 생명력을 보여준다. 춤은 클럽과 거리 어느 곳에서든 활력을 가져다준다. 쿠바에서는 남녀노소를 가리지 않고 거리와 공원에서 한밤중까지 춤을 추며 즐기는 사람들을 흔히 볼 수 있다.

02 문학

영어권 카리브

20세기 초 영어권 카리브 작가들은 카리브 문학을 표현하는 소통로로 살롱(salon)를 이용했다. 자메이카의 주요 일간지인 〈더 글리너(The Gleaner)〉의 편집자인 H. G. 드 리서는 1920년부터 매년 〈플랜터스 펀치(Planter's Punch)〉를, 에스더 채프먼은 1934년부터 〈웨스트 인디아 리뷰(West India Review)〉를 발간하기 시작하였다. 트리니다드에서는 알프레드 멘데스와 C. L. R. 제임스, 알버트 고메스 등이 연합한 비콘 그룹(Beacon Group)에서 시와 소설에 크레올 방언을 구사하는 문학잡지를 발간하였다. 이는 대중적 주제와 구어체 형식을 끌어안으려는 의식적인 노력이었다.[2)]

반식민주의 소설들이 대공황 시대의 노동자 소요와 파업이 한창인 1930년대에 나타났다. 멘데스의 〈기름호수(Pitch Lake)〉(1934)와 시릴 라이오넬 로버트 제임스의 〈박하 오솔길(Minty Alley)〉(1936) 등이 대표적이다. 트리니다드토바고의 저명한 막시스트 지식인인 제임스(James, 1901~1989)는 크리켓 저널리스트로서 작가 생활을 시작하여 리어리 콘스탄틴(Learie Constantine, 1901~1971)*의 자서전 집필을 돕기도 했다. 그는 아이티 혁명을 다룬 역사물, 〈블랙 자코뱅(Black Jacobins)〉(1938), 그리고 크리켓, 정치 그리고 사회를 다룬 〈경계를 넘어(Beyond a Boundary)〉(1962)로 잘 알려져 있다. 제임스는 크리켓이 서인도 지역에서 성행하게 된 이유를 식민주의자들과 대등하게 겨루고 그들을 이기는 것에서 느끼는 희열 때문이라고 설명하였다. 그는 1939년부터 미국에서 거주했으나 자신의 정치적 시각 때문에 매카시 선풍 때에 추방되었다. 제임스의 작품과 사상은 미국의 블랙파워 운동에 지대한 영향을 끼쳤다. 그는 서인도연맹(West Indies Federation) 결성을 위해 헌신했고 후에는 카리브와 아프리카의 독립을 위해 투쟁했다. C. L. R. 제임스는 카리브 철학의 중요 인물이었고 주요 철학자 중 하나였고, 억압받는 민중을 위한 투사였으며 그의 작품은 오늘날까지 널리 읽히며 인정받고 있다.

1940년대 런던의 카리브 출신 화가 및 작가들이 '카리브예술운동

* 트리니다드토바고 출신의 전설적인 크리켓 선수. 이후 영국으로 건너가 흑인 최초의 영국 상원의원이 되었으며 기사 작위를 받았다. 이후 고국에서 방송해설자, 행정가, 변호사, 정치가 등으로 활동했다(역주).

(Caribbean Artists Movements)'를 설립하고 1942년 바베이도스에서 프랭크 콜리모어가 출간한 〈빔(Bim)〉과 같은 독창적인 잡지들을 지원하였는데, 데렉 월콧 등 많은 카리브 작가들이 이 잡지에 기고하였다. 웨스트인디대학교(The University College of the West Indies)에서는 학술적 서평과 글을 싣는 〈카리비안 쿼털리(Caribbean Quarterly)〉를 발간하였다. BBC 방송은 카리브 보이스(Caribbean Voice)를 방송했는데 이는 원래 자메이카 출신의 시인인 우나 마르손(Una Marson)이 연출한 것으로 영국 내 카리브 출신 작가들의 작품들을 소개하는 창구 역할을 하였다.

제2차 세계대전 이후 카리브 출신 작가들은 대부분 이주민들의 좌절과 인종 및 정체성 문제를 다룬 수준 높은 작품들을 광범위하게 발표했다. 영어권 카리브 지역의 주요한 작가로는 데렉 월콧(1930~)과 V.S. 네이폴(1932~) 등 두 명을 꼽는다. 두 작가는 1992년과 2001년에 각각 노벨문학상을 수상했다. 월콧은 시인이자 극작가로서 모친이 네덜란드령 세인트마틴 출신이었으나 세인트루시아에서 성장하였으며 칼립소 리듬과 크레올 방언을 사용하였다. 그는 자메이카, 트리니다드, 뉴욕 등지에서 수학한 뒤 보스턴대학교에서 강의했다. 그의 가장 유명한 시는 〈오메로스(Omeros)〉(1990)이고 극작품으로는 〈원숭이 산에서의 꿈(Dream on Monkey Mountain)〉과 〈오디세이(The Odyssey)〉(1993) 등이 있다. 그의 작품들 중 상당수는 카리브의 정체성과 자치권을 추구하는 과정에서 발생하는 유럽과 서인도 문화의 충돌을 주로 다루었다. 그의 문학을 인정하는 의미에서 세인트루시아의 중앙 광장이 그의 이름을 따서 개명되었다.

인도 힌두계로 트리니다드에서 출생한 V.S. 네이폴은 옥스포드에서 공부했고 여행을 많이 했지만 생애 대부분을 영국에서 보냈다. 그의 초기작품 중 널리 알려진 소설 중 하나가 어린 시절 트리니다드에서의 가족사를 바탕으로 한 〈비스워스씨를 위한 집(A House for Mr Biswas)〉(1961)이다. 이 외에 〈중앙 항로(The Middle Passage)〉가 1961년에, 그리고 대표적 소설인 〈익살꾼(The Mimic Men)〉이 1967년에 발표되었다. 그는 20편 이상의 작품을 발표했는데, 작품 중 대다수가 식민주의와 연관된 문제와 그것이 야기하는 소외 및 뿌리 뽑힘에 대해 다루고 있다. 그는 1990년 기사 작위를 수여받았다. 또 다른 유명한 작가로서는 〈넓은 사르고소 바다(Wide Sagosso Sea)〉(1966)로 입지를 다진 도미니카 출신의 진 라이(Jean Rhys)가 있다.

현재 남여를 불문하고 많은 카리브 출신의 소설가들이 배출되고 있다. 이들 중 영어권 카리브 출신으로는 바베이도스의 조지 래밍(George Lamming, 1927~)과 카마우 브래드웨이트(Kamau Brathwaite, 1930~)를 꼽을 수 있다. 래밍의 〈내 피부의 성(In the Castle of My Skin)〉은 식민주의와 식민지 교육에 대하여 통렬한 비판을 가하고 있다. 브래드웨이트는 캠브리지 대학교에서 역사를 전공하고 크레올 방언을 사용하여 시와 각본을 썼다. 그는 세계적으로 인정받은 〈이주자들(The Arrivants)〉(1973)과 1971년 자신의 박사학위 논문(서섹스 대학교, 1968)을 바탕으로 출간된 〈1770~1820년 기간 자메이카 크레올 사회의 발전(The Development of Creole Society in Jamaica)〉 등을 비롯하여 비판적인 수필과 역사서, 시 등으로 유명하다. 갓난아기 때 세인트키츠를 떠나 영국으로 이주한 키릴 필립스(Caryl Phillips)는 〈마지막 통로(The Final Passage)〉(1985)로 말콤X 상을 수상했다. 여류작가로는 자메이카의 킨케이드(Kinkaid, 안티구아에서 엘레인 포터 리차드슨이라는 이름으로 출생)와 에르나 브로드버(Erna Brodber) 그리고 트리니다드토바고의 메를 홋지(Merle Hodge) 등이 유명하다. 망명과 정체성, 그리고 귀환과 환멸이 이들이 주로 다룬 주제들이었다.

문학적 창조성의 폭발은 카리브인들의 무한한 재능을 반영한다. 열대지역 섬나라의 지역적 특성과 아프리카인들의 디아스포라라는 역사적 배경 아래 식민주의와 인종문제, 독립과 정체성 등의 주제가 어찌 보면 뼈아프지만 생산적인 자극을 카리브 작가 및 지식인들에게 제공해 주었던 것이다.

프랑스어권 카리브

아이티에서 문학의 발전은 1915년부터 1934년 사이까지 미국의 상점에 대한 반발로서 가속화되었다. 주된 초점은 아프리카와 흑인 문화를 아이티 정체성의 핵심으로 보는 것이었다. 일찍이 아이티의 문화민족주의 주창자로는 장 프리스 마르스(Jean Price - Mars, 1876~1969)가 있다. 학자이자 외교관인 그의 작품으로는 〈숙부님은 이렇게 말씀하셨다(Ainsi Parla l'Oncle)〉(1928)가 유명하다. 주목할 만한 또 한 명의 아이티 작가로는 막시스트인 자크 스테판 알렉시스(Jacques Stephen Alexis, 1922~1961)가 있는데, 그는 1937년 도미니카 대통령 트루히요의 지시로 벌어진 아이티인들의 대량학살을 다룬 〈태양 장군 동지(Comrade General Sun)〉(1955)를 발표하였다. 알렉시스는 뒤발리에 대통령의 사주를 받은 통통 마쿠테(Tonton Macoutes)*에 의해 살해당했다.

마르티니크와 과달루페의 작가 및 지식인들은 연합하여 유명한 네그리튀드** 사상운동을 펼쳤는데, 카리브 흑인들의 문화적 정체성과 힘의 근원으로 아프리카를 강조했다. 1913년 마르티니크에서 출생한

* 공식 명칭은 국가안보자원민병대(MVSN)이다. 아이티에서 30년간 철권을 휘두른 독재가, 프랑수아 뒤발리에 대통령(1907~1971)의 조종을 받는 비밀경찰로서 수많은 악행을 저질렀다(역주).

** 1930~50년대에 파리에 살던 프랑스어권 아프리카와 카리브해 출신의 작가들이 프랑스의 식민통치와 동화정책에 저항하여 일으킨 문학운동으로 서구 중심주의적 가치를 비판하고 아프리카 문화를 재평가했다. 주요 인물로는 레오폴드 셍고르, 에메 세제르, 프랑스령 기아나 출신의 레옹 다마스, 등이 있다(역주).

에메 세자르(Aimé Césaire)는 이 그룹의 창립 멤버이다. 그는 훗날 세네갈의 대통령이 된 레오폴드 셍고르(Léopold Senghor) 같은 프랑스계 아프리카인들과 함께 파리에서 함께 활동했다. '흑인 학생'이라는 뜻의 잡지 〈에튀디앙 누아(Etudiant Noir)〉는 네그리튀드 소설과 시를 발표하였다. 시인이자 극작가이며 수필가인 세자르는 마르티니크로 돌아와 교사이자 사회정치가로 활동하였다. 그의 시는 복잡하고 난해하다. 그의 학생이었던 프란츠 파농과 에두아르드 글리쌍은 후일 영향력 있는 작가가 되었다. 1952년에 나온 〈검은 피부 하얀 얼굴(Black Skins, White Masks)〉은 파농의 대표적인 작품으로서 지배와 인종문제를 정신분석학적으로 연구한 것이다. 글리쌍 역시 카리브 현실에 대한 탐색을 계속한다. 그는 포스트 네그리튀드 시대로 접어들어, 뭔가 새로운 것을 창조하기 위해 문화적 족적을 혼합해 버리는 현상인 '크레올리테(Créolité)' 연구를 하였다. 글리쌍은 앤틸리스에 존재하는 수많은 정체성의 실마리를 발견해 내는 것을 카리브성의 개념으로 이해하였다. 과들루프 출신 여류작가인 마리스 콘데(Maryse Condé)는 아프리카와 유럽, 미국 등지에 살며 아프리카인들의 디아스포라에 대해 쓴 소설로 유명하다.

스페인어권 카리브

스페인어권 카리브 사람들은 쿠바의 독립운동가인 호세 마르티(José Martí)와 푸에르토리코의 시인이자 정치가인 루이스 무뇨스 마린(Luis Muñoz Marín)의 작품을 포함하여 뛰어난 문학적 전통을 보여주었다. 쿠바의 변호사이자 교수였던 지식인 페르난도 오르티스(Fernando Ortiz, 1881~1969)는 쿠바의 역사, 경제, 문화 등 방대한 분야에 대하여 글을 썼다. 그는 설탕과 담배와 같은 산물의 생산방식과 종류를 문화적이고 사회적인 관점에서 연구했다. 오르티스는 오늘날 정식 용어로 정착된 '통문화(transculturation)'를 만들어내는 등, 쿠바의 역사와 현실에 다양한 문화들이 영향을 끼쳤다는 사실을 인정했다.

현재 히스패닉 카리브인들은 소설의 역사에서 라틴아메리카의 붐 세대로 합류된다. 쿠바의 소설가이자 음악사가인 알레호 카르펜티에르(Alejo Carpentier, 1904~1980)는 라틴아메리카 문화와 삶의 짜릿함을 보여주는 '경이로운 리얼리즘' 이론을 발전시켰다. 1928년부터 1939년까지 파리에서 망명생활을 했던 그는 초현실주의 운동의 영향을 받았다. 그의 대표작들로는 〈지상의 왕국(El reino de este mundo)〉과 〈빛의 세기(El siglo de las luces)〉가 있다. 그는 1959년 쿠바로 돌아와 피델 카스트로의 문화정책을 보좌했으며 후에 프랑스 대사로 재직했다.

기예르모 카브레라 인판테(Guillermo Cabrera Infante, 1929~2005)는 1965년 카스트로 정부에 등을 돌리며 런던에 망명지를 구했다. 그의 대표작으로는 제임스 조이스의 〈율리시즈〉와 비교되는 실험작으로서 〈세 마리 슬픈 호랑이(Tres Triste Tigres)〉가 있다. 이밖에 주목할 만한 작가로는, 역시 카스트로 정권과 맞지 않았던 레이날도 아레나스(Reinaldo Arenas, 1943~1990)〉가 있다. 동성애자로서 에이즈 보균자였던 그는 뉴욕에서 자살했다. 쿠바의 시인인 호세 레사마 리마(José Lezama Lima, 1910~1976) 역시 라틴아메리카 문학계의 금자탑이라 할 수 있는 작가였다.

쿠바의 영화는 매우 창조적으로서 수준 높은 작품들을 내놓았다. 아마도 가장 유명한 영화감독으로는 토마스 구티에레스 알레아(Tomás Gutiérrez Alea)를 들 수 있을 텐데 그는 〈최후의 만찬(La Ultima Cena)〉(1976)과 〈딸기와 초콜릿(Fresa y Chocolate)〉(1993) 등을 감독했다. 쿠바에서 많은 인기를 끌었던 〈비밀운동원(Clandestinos)〉, 〈헬로 헤밍웨이(Hello Hemingway)〉 그리고 〈마다가스카르(Madagascar)〉

를 만든 페르난도 페레즈 역시 유명한 감독이다.

페드로 후안 소토(Pedro Juan Soto)는 〈스픽스(Spiks)〉(1956)에서 뉴욕으로 이주한 푸에르토리코 사람들의 체험에 대해, 그리고 〈미국 편지(Usmail)〉(1958)에서는 미국과 푸에르토리코 사이의 관계에 대해 다루었는데 두 작품 모두 걸작이다. 푸에르토리코의 대표적인 여류작가는 로사리오 페레(Rosario Ferré, 1938~)이다. 영어로 출판된 그녀의 최근작인 〈산호초의 집(The House on the Lagoon)〉은 20세기 푸에르토리코 역사를 다룬 가족 서사시이다. 이밖에 스페인어권 카리브 출신의 작가로는 〈쿠바에서 꿈꾸기(Dreaming in Cuba)〉(1992)〉를 저술한 크리스티나 가르시아가 유명하다.

03 종교

카리브인들은 카리브 문화의 창조성, 다양성 그리고 혼합성을 반영하는 다양한 종교적 전통을 보유하고 있다. 대부분 종교들은 새로운 창조적 형태로 변형된 기독교와 아프리카 토속종교에 그 기반을 두고 있다. 라틴 계통 지역의 가톨릭과 앵글로 지역의 영국 성공회 등 유럽의 종교들은 식민시대에 카리브 지역에 도입되어 오늘날에도 주로 엘리트 계층을 중심으로 중요한 위치를 점하고 있다. 노동자 계층을 중심으로 소개된 힌두교와 이슬람교는 주로 트리니다드토바고를 중심으로 퍼져있다.

19세기 초에는 개신교 종파인 감리교, 모라비아교, 침례교 등이 영어권 지역에 선교단체와 학교를 설립했다. 트리니다드에서는 아프로-카리브계의 혼합종교인 영성침례교(The Spiritual Baptist)가 생겨났으며, 여호아의 증인과 제7안식교, 모르몬 등 새로운 교파들도 무시할 수 없는 세력으로 성장했다.

쿠바에서 성장한 아프리카계 종교인 산테리아(santería)는 도미니카 공화국과 푸에르토리코를 비롯해 디아스포라가 전개된 카리브 지역으로 퍼져나갔다. 산테리아(성인의 길)는 로마 가톨릭의 이념과 양식에 아프리카 종교인 요루바의 의식과 믿음체계가 결합된 것으로, 음악, 북, 노래, 동물 희생제의 등을 행하고 있다.

아이티 노예사회를 중심으로 발전한 부두교는 서아프리카 종교와 로마 가톨릭의 사상과 상징, 예식 등이 혼합된 종교이다. 이들은 강력한 영(과 가톨릭 성인들)이 삶의 모든 면에 영향을 끼친다고 믿고 있다. 무아지경과 영적 홀림 등이 부두 의식에서 중요한 부분을 차지한다. 트리니다드에서 많이 볼 수 있는 오리샤(orisha) 역시 아프리카에서 유래한 것이다.

라스타파리아니즘은 카리브의 대표적인 종교 중 하나로서 신자들은 레게음악과 레게머리를 즐기며 영적 의식으로 마리화나를 피운다. 채식주의자들인 이들은 현대 서구사회의 현상들에 대하여 상당히 비판적이며, 자신들이 선택받은 사람들이라고 믿고 있다. 흑인을 탄압하는 백인을 비판하는 한편, 메시아를 찾아 아프리카로 돌아가자고 제안한 마커스 가비(Marcus Garvey)의 사상은 라스타파리아니즘의 기초를 닦는데 기여했다. 라스타파리아니즘은 1930년대 자신이 다윗과 시바 여왕의 후계자라고 주장하는 하일레 셀라시에가 에티오피아('흑인들의 땅')에서 황제의 자리에 오르면서 시작되었다. 이들은 백인세계는 악마의 세계이며 흑인들이 아프리카로 귀환하여 열등한 백인들에 대해 복수를 해줄 것으로 믿고 있다. 현재 전 세계에 많은 지부가 있다. 하지만 이들의 기본적인 주장은 가난한 약자들에 대한 정치경제적 박해를 반대하는 것이다.

근래 들어 이 지역에서 가장 성공한 종교 중 하나가 바로 미국으로부터 갈라져 나온 개신교 종파인 오순절운동(Pentacostalism)인데, 이

가운데 대표적인 분파가 하나님의 성회(The Assemblies of God)이다. 성령, 방언, 노래, 치유행위, 그리고 영적 홀림 등을 강조한다. 성경은 믿음의 문제에서 가장 권위 있는 말이며 카리스마 있는 지도자를 중요시한다.

04 스포츠

크리켓

크리켓은 앵글로 서인도계를 중심으로 열광적인 인기를 누리고 있는 스포츠이다. 수많은 관중을 끌어당기는 크리켓은 서인도 지역에서 많은 영웅을 탄생시켰고 영어권 국가들의 정체성을 증진하는데 크게 기여하고 있다. 크리켓은 개인의 기량에 크게 좌우되는 경기이다. 서인도 지역팀이 역외 국가와 경기를 벌일 때면 카리브 제도 내 국가들 사이의 라이벌 의식은 사라진다. 크리켓은 19세기 초 영국군 장교들에 의해 처음으로 도입되었다는 것이 정설이다. 최초의 크리켓 클럽은 1806년 바베이도스의 세인트 안(St Ann's)에서 창설되었다. 1840년대에 트리니다드에서 여러 클럽이 창설되었고, 1863년 자메이카에서는 킹스턴 크리켓 클럽이 창설되었다.[3] 농장주들과 상인, 식민지 관료들이 이 클럽에 소속되었다. 독립 이후 크리켓은 민중 사이로 퍼져나가 운동장은 물론 해변과 거리 곳곳에서 펼쳐졌으며 때로는 코코넛 열매를 사용하기도 했다.

19세기 중반 경에는 바베이도스의 해리슨 대학 및 트리니다드의 퀸스 로얄 대학과 같은 학교에서도 성행하기 시작하였다. 인종 혹은 계급별로 조직된 클럽들도 생겨나 만만찮은 실력을 보여주었다. 대표적인 흑인클럽 중 하나인 트리니다드의 샤논 크리켓 클럽에서는 콘스탄틴 부자(父子) 선수가 유명했다.

때로는 서인도 제도의 영국 관리 아들들이 이곳 현지인에게 크리켓을 배우곤 했다. 예를 들면 트리니다드에서 총독(Chief Secretary)의 아들로 태어난 펠햄 워너(Pelham Warner, 1873~1963)는 현지인 킬브리와 연습했다고 회상하는데 사실은 코치를 받았던 것으로 보인다. 워너는 트리니다드에서 학교를 마친 뒤 적어도 3개의 크리켓 팀을 보유하고 있던 바베이도스의 해리슨 대학에 입학하였다. 그는 영국에서 옥스퍼드 대학교, 미들섹스 팀 그리고 영국 팀의 일원으로 뛰었다. 워너가 1896~1897년 경 로드호크 팀의 일원으로 서인도에 돌아오자 이 지역의 많은 사람들이 그에게 크리켓을 가르쳤다는 것을 상기시켰다.[4] 때때로 흑인 선수들은 백인클럽에 관리인으로 뽑혀 연습을 돕곤 했다.

지역 내의 국가 대항 크리켓 경기는 1865년 바베이도스와 영국령 기아나 간에 최초로 벌어졌으며 이후 수많은 경기가 뒤를 이었다.[5] 1895년 영국 크리켓 팀이 처음으로 서인도 지역에서 순회경기를 가졌고, 5년 후인 1900년에는 L.S. 콘스탄틴(리어리 콘스탄틴의 아버지)이 소속된 서인도팀이 영국에서 경기를 가졌는데 여기서 아버지 콘스탄틴은 100점을 득점하였다. 1920년대와 1930년대가 되면 서인도 지역 팀들이 영국, 인도, 호주 등지의 투어에 참여했으며 1928년에는 처음으로 국가대항전 우승을 차지했다.

식민지 시대 규칙이 적용되던 시기에 서인도 팀 선수들을 선발하는 데에 인종이 문제되었다. 당시 주장은 당연히 백인이 해야 한다는 가정이 있었기 때문이다. 이는 마치 영국에서 주장은 아마추어가 맡아야 한다는 불문율과 마찬가지였다. 많은 사람들이 자메이카의 젊은 선수 조지 헤들리가 1927년 로드 테니슨의 투어에서 200점을 득점하자 1928년의 영국 투어에 선발되어야 한다고 생각했다. 그러나 그는 1930년 브리지타운에서 첫 국가대항전 데뷔를 해서 100득점을 기록했다. 1933년과 1939년의 영국 투어에서도 헤들리의 성적은 좋았으나, 타석에 들어설 기회를 자주 얻지 못해 특유의 서인도 제도 타법을 발휘할 기회를 놓치곤 했다. 그럼에도 불구하고 그의 평균 득점은 60점을 상회하였다.

서인도 지역 출신인 리어리 콘스탄틴은 양차대전 사이에 랭커셔리그에서 뛰던 스타 선수였다. 그는 선수생활 말기에 법을 공부하여 1954년 변호사가 되었다. 그는 트리니다드의 독립을 위해 일하며 정치가로서도 돋보였고 1962년부터 1964년까지는 영국에서 트리니다드 토바고의 고등판무관(High Commissioner)을 역임했다. 그는 크리켓의 인종차별을 언급하면서, 선수 선발이 인종과 계급에 의하지 않고 오로지 실력에 따라 이루어져야 한다고 역설했다. 또한 그는 서인도팀들이 제대로 실력을 발휘하기 위해서는 흑인이 주장을 맡아야 한다고 확신했다. 그는 평생 인종주의에 맞서 싸웠고, 1943년 그와 가족들을 차별한 런던호텔과의 소송에서도 승소했다.

제2차 세계대전으로 인해 국가 대항전은 중단되었으나 카리브 지역 내의 경기는 계속되었고 새로운 스타들이 탄생하였다. 1948년 초에는 MCC팀이 카리브 순회경기를 하는 도중 서인도팀들에게 한 번도 승리를 거두지 못했다. 1950년에는 서인도팀이 영국에서 열린 네 번의 국가 대항전 가운데 세 번 승리하여 서인도인들에게 식민종주국을 격파했다는 자부심을 안겨주었다. 일부 평론가들은 서인도 크리켓이 문화적 저항의 형태로 재구성되었다고 평하기도 했다.[6] 1950년의 국가 대항전에서는 3명의 바베이도스 타자들 - 월콧, 위키스, 워렐 등 3W - 이 서인도팀의 승리를 이끌었다. 로드 키치너의 유명한 칼립소 가사("그 두 사람의 귀여운 친구들/ 라마딘과 발렌틴")에 나오는 유명한 투수들도 제 몫을 다해 주었다.

1955년 서인도 대표가 호주를 물리쳤을 당시에는 바베이도스 출신의 가필드 소버스(Garfield Sobers)가 기록을 세웠다. 2년 후 소버스는 파키스탄과의 경기에서 365런을 기록하면서 렌 허튼경의 기록을 깼다. 소버스의 기록은 트리니다드의 브라이언 라라에 의해 깨질 때까지 유지되었다. 뛰어난 투수이자 야수이며, 영리한 주장(1968~1974)이기도 했던 이 위대한 타자는 크리켓 역사상 가장 뛰어난 올라운드 플레이어였다. 1960년 바베이도스 출신의 프랭크 워렐은 '칼립소 섬머'라 불리는 호주 투어 당시 흑인으로는 최초로 서인도 대표팀의 주장이 되었다. 사실 워렐은 이전에도 두 번이나 주장 제의를 받은 적이 있었으나 맨체스터 대학교에서 학위를 마치기 위해 이를 거절했었다. 그의 침착한 지도력 덕분에 서인도 대표는 1963년 영국과의 결승에서 3승 1패로 승리하였다. 워렐의 지도력은 흑인도 주장으로서 충분한 자질이 있다는 것을 확실하게 인식시켰다. 워렐과 소버스는 기사작위를 수여받았다. 프랭크 워렐은 1967년 불과 42세의 나이에 백혈병으로 사망하여 바베이도스에 묻혔다. 그는 운동선수로는 최초로 웨스트민스터 사원에서 장례식을 거행하는 영광을 누리게 되었다.

1970년부터 1980년에 걸쳐 서인도 팀들은 세계 대회를 석권하다시피 했다. 이 기간 동안 웨스 홀, 말콤 마샬, 클라이브 로이드, 비비안 리차드 등 훌륭한 선수들이 배출되었다. 1984년에는 서인도 대표가 로이드의 지도 하에 영국과의 경기에서 5전 전승을 거두기도 했다. 이후 1985년과 이듬해에 걸쳐 리차드의 지도 하에 영국과의 5번의 경기에서 역시 전승을 거두었다. 1990년대 이후 서인도 대표팀 성적은 브라이언 라라의 활약에도 불구하고 그리 좋지 못했다. 라라는 1994년 안티구아에서 열린 국가대항전에서 375런이라는 대기록을 수립하였다. 서인도 크리켓은 앵글로 카리브 지역에서 긍지와 단합 및 경쟁력의 원천으로 작용하며 가장 인기 있는 제도로 자리 잡았다. 대표팀을 선발하는 사람들은 서인도의 각 섬들을 대표하는 균형 잡힌 팀이 되도록 노력하고 있다. 크리켓은 CARICOM(카리브공동체. 1974년 카리브지역 10개국을 근간으로 발족: 역주)의 아젠다에도 포함되어 있다.

영어권 카리브인들의 삶에서 크리켓이 차지하는 위치는 그것이 배출한 기사작위 수여자의 수가 웅변적으로 말해준다. 서인도 제도의 수상들은 프랭크 워렐, 가필드 소버스, 클라이드 월콧(전 국제크리켓협회장), 비비안 리차드 경 등 수많은 크리켓 선수들을 기사작위에 추천하였다. 하지만 라라의 경우 예외인데, 이는 트리니다드토바고가 공화국으로서 엘리자베스 영국 여왕을 국가원수로 인정하고 있지 않기 때문이었다.

안티구아, 바베이도스, 그레나다, 자메이카, 세인트루시아, 세인트키츠, 트리니다드 등 서인도제도에서 개최되는 2007년 크리켓 월드컵에 국제적 관심이 집중되고 있다. 호주와 방글라데시, 버뮤다, 캐나다, 영국, 인도, 아일랜드, 네덜란드, 뉴질랜드, 파키스탄, 스코틀랜드, 남아프리카, 스리랑카, 짐바브웨 등이 참가한 가운데 총 51경기가 펼쳐지며, 바베이도스에서 결승전이 열린다. 1900년대 초 영국으로 크리켓 투어에 나섰던 바베이도스인들을 기념하는 바베이도스 켄싱턴 오벌의 챌리노어 스탠드를 포함하여 여러 나라들은 시설 보완에 힘을 쏟고 있다. 1923년 조지 챌리노어는 800개의 히트에 1,500개의 런을 기록하여 평균 50점 이상을 기록했다. 월드컵은 마스코트 메요(Mello)와 출시되는 다양한 상품들에서 볼 수 있듯이 스포츠는 물론 상업적으로도 최대 축제가 될 것이다.*

야구

야구는 프로리그가 운용되고 있는 쿠바와 도미니카공화국, 푸에르

* 바베이도스에서 열린 2007년 월드컵 결승전에서는 호주와 스리랑카가 격돌하였는데, 호주가 세 번째 우승을 차지하였다(역주).

토리코 등 히스패닉계 카리브 국가에서 주로 인기를 끌고 있다. 1874년 쿠바에서 첫 경기가 열렸으며, 1878년 역시 쿠바에서 첫 프로리그가 탄생하였다. 쿠바인들이 도미니카공화국에 야구를 전파하여 이곳에도 1907년 리시 타이거스(Tigers del Licey)가 창단되었다. 1920년대에는 도미니카공화국, 쿠바, 푸에르토리코, 미국 등을 포함하는 야구대회가 개최되었다. 카리브의 야구선수들은 인종차별 등의 문제에도 불구하고 미국 프로리그로 건너가 활약하기 시작하였다. 1920년대 쿠바의 투수 아돌포 루케가 신시내티 레즈에 입단했고, 1955년부터 1970년대 초까지 피츠버그 파이어리츠에서 활약한 푸에르토리코 출신 로베르토 클레멘테는 명예의 전당에 올랐다.

젊은 시절 투수 유망주였던 피델 카스트로는 쿠바에서 정권을 잡은 뒤 미국을 의식하여 야구를 경시했다. 하지만 쿠바인들의 열정이 오늘날 쿠바에서 야구를 인기 스포츠로 되돌려 놓았다. 쿠바는 지난 4번의 올림픽에서 총 3번 금메달을 차지했다. 도미니카공화국의 경우 미국강점기(1916~1924) 시절 야구가 소개되었다. 1970년대 메이저리그 팀들이 유망주들을 발굴하기 위해 도미니카공화국에 야구 아카데미를 설립하기 시작하였는데, 아마추어 유망주를 발굴하여 훈련시킨 뒤 미국으로 진출시키는 이 야구 아카데미는 종종 거대 다국적 설탕회사인 걸프 앤 웨스턴(Gulf and Western)과 비교되기도 한다.[7] 오늘날 도미니카공화국은 미 프로야구 메이저 및 마이너리그의 주된 선수공급처이다. 설탕공장이 있는 산토 도밍고 근처의 산 페드로 데 마코리스는 수준 높은 선수들을 배출한 곳으로 유명하다. 도미니카공화국에서는 그 어느 곳이든, 심지어 빈민가라 할지라도 공터나 공원에서 야구하는 모습을 흔히 볼 수 있다.

현재 토론토 블루제이스와 LA 다저스 등 많은 메이저리그 팀들이 도미니카공화국에서 연중 훈련캠프를 운영하고 있다. 17~18세 정도되는 어린 선수들이 이곳에서 선발과정을 거쳐 숙식을 하고 일정 보수를 받으며 훈련을 받고 있다. 메이저리거의 꿈을 안고 마이너리그에 진출하기 위해서이다. 새미 소사와 호세 리호, 알렉스 로드리게스 등 적지 않은 도미니카 출신 선수들이 매우 성공적인 메이저리거로서 활약하고 있다.

2006년 봄, 캐나다, 일본, 한국, 베네수엘라, 파나마, 멕시코 등 총 14개국이 참가한 월드베이스볼클래식(WBC)이 개최되었다. 푸에르토리코와 도미니카공화국 역시 이 대회에 참가하였다. 쿠바는 당초 부시 행정부에서 카스트로 정권이 상금 등의 경제적 혜택을 받는 것을 원하지 않아 대상에서 제외되었지만 쿠바가 미국의 허리케인 카트리나의 희생자들에 대한 기부금을 약속하자 참가가 허락되었다. 결승전에서 일본이 쿠바를 누르고 우승하였다.

올림픽

올림픽대회 참가는 카리브 지역 국가들이 국제무대에서 실력을 발휘할 기회로, 정치적, 민족적으로 큰 의미를 지닌다. 인구나 경제규모에 있어 소규모이지만 카리브 지역 선수들은 특히 권투와 육상에서 선전을 펼쳤다. 쿠바는 권투에서 지금까지 30여개의 금메달을 거두어 갔다. 테오필로 스티븐슨(1952~)은 1972, 1976, 1980년도에 치러진 올림픽 복싱 헤비급에서 금메달을 휩쓸었다.

미국에 속해 있던 푸에르토리코가 1952년 대회부터는 당당하게 자국 국기를 앞세우고 독립국가의 자격으로 참가함으로서 국민들에게 자부심을 안겨주었다. 푸에르토리코가 획득한 메달 가운데 6개가 복싱에서 나왔는데 이중 3개는 펠릭스 '티토' 트리니다드가 획득한 것이었다.[8)] 푸에르토리코 출신으로 미국 거주 라티노(latino)인 존 루이스는 남미계열 선수들은 이 체급에서 성공할 수 없다는 편견을 깨고

2001년 WBA 헤비급 챔피언에 올랐다. 푸에르토리코 선수들은 자유 의사에 따라 미국 대표팀이나 푸에르토리코 대표팀을 선택할 수 있다. 예를 들어, 1992년 바르셀로나 올림픽 당시 테니스 복식에 출전한 푸에르토리코 출신 지지(Gigi) 페르난데스는 미국 대표로 출전하여 금메달을 목에 걸었다. 하지만 자신의 조국을 대표하지 않았다는 이유로 인해 그 메달은 빛이 바래 버렸다.

한편 카리브 국가들은 많은 육상 선수들을 배출했다. 자메이카의 아더 윈트는 1948년 런던 올림픽과 1952년 헬싱키 올림픽에서 각각 금, 은메달을 획득했고, 트리니다드의 해슬리 크로포드는 1976년 몬트리올 올림픽 육상 100m에서 금메달을 획득했다. 하지만 카리브에서 메를린 오티(Merlene Ottey)만큼 뛰어난 육상 선수는 없었다. 자메이카에서 태어나 네브라스카 대학교를 졸업한 오티는 총 일곱 번 올림픽에 출전했는데, 이중 여섯 번은 자메이카 대표로, 2004년 아테네 올림픽에는 슬로베니아 대표로 나섰다. 그녀는 1980년 모스크바 올림픽부터 20년 뒤인 시드니 올림픽까지 총 8개의 메달을 획득했다.

카리브의 축구 역시 남미에서처럼 인기종목에 속한다. 자메이카가 1998년 월드컵에, 트리니다드는 플레이오프에서 바레인을 누르고 2006년 월드컵에 출전했다. 트리니다드는 자신들의 축구전사들에게 열광했다. 농구는 카리브 전역에서 유행이며 젊은이 문화에서 점차 중요한 위치를 차지하고 있다. 특히 TV로 중계되는 미국 NBA 덕에 그 인기는 날로 더해가고 있다. 바베이도스와 트리니다드토바고 같은 앵글로 카리브 지역에서는 흑인 젊은이들 사이에 농구가 성행하고 있다. 농구장은 모임이나 집회 등 공공장소로서도 인기가 높다. 지역별로 자발적인 협회들이 리그를 조직하여 대회를 펼치고 있다.

음식

최근 들어 카리브 음식이 지역 내 호텔과 식당에서 인기를 끌고 있다. 적도미, 킹피쉬, 날치 등 카리브해에서 잡힌 메뉴들이 메뉴에 오른다. 지역 특산과일인 망고와 코코넛, 구아바, 파파야 등도 인기다. 육포와 염소 카레 요리도 주문할 수 있다. 북미와 유럽에서 카리브식 식당과 매점들이 문을 열어 전 세계인들의 입맛을 사로잡고 있다. 트리니다드로부터 토론토, 산후안에서 샌프란시스코, 네비스에서 노팅힐, 그리고 바베이도스에서 보스톤에 이르기까지 카리브 요리는 음식 문화의 세계화를 보여준다.

카리브 요리에는 유럽과 미주, 아프리카, 아시아 등으로부터 건너온 재료와 향료 등이 사용되어 카리브 특유의 다문화 현상을 반영한다. 남미에서 이 지역으로 처음 이주한 인디언(아라와, 타이노, 카리브)들은 어류와 해산물을 주식으로 했고, 독을 조심스레 제거하는 과정이 필요한 딱딱한 뿌리 곡물, 카사바(마니옥)도 재배했다. 그들은 또한 고구마와 칡도 재배했다. 카사바는 서인도 제도, 그리고 노예상인들에 의해 도입된 서부 아프리카에서 중요한 농작물이 되었다. 그 뿌리는 3년 이상 땅에 보관된 후 밀가루와 빵으로 만들어졌다. 혹은 끓인 다음에 채소나 나물처럼 먹을 수도 있었다. 정제된 전분이며 이 지역 밖에서 매우 흔히 볼 수 있는 타피오카 역시 카사바에서 만들어지는 것이다.

스페인 사람들을 비롯한 유럽 식민주의자들은 감귤과 같은 과일, 양파를 비롯한 다양한 채소 그리고 고기를 도입하였다. 스페인인들은 돼지와 소, 염소, 양 등을 가지고 들어왔다. 라틴아메리카 본토로부터는 감자를 포함한 많은 종류의 농작물이 들어왔다. 쌀과 콩(혹은 완두콩)은 카리브 지역의 일상음식으로 자리 잡았다. 설탕과 바나나도 유럽에서 들어와 지역 내 플랜테이션의 주요 농작물이 되었다. 뉴기니가 원산지인 사탕수수는 1493년 크리스토퍼 콜럼버스가 두 번째 항해 때에 이곳에 도입하였다. 사탕수수 재배를 위해 아프리카 노예들이 건너오면서 카리브 지역의 아프리카계 흑인 인구가 증가하였다. 노동자들의 주요 단백질 공급원으로서 북대서양으로부터 수입된 대구, 특히 간대구는 이 지역의 주요 음식이 되었다. 타이티로부터 블라이 선장에 의해 도입된 빵나무 역시 마찬가지이다. 큰 나무에서 나오는 긴 열매는 감자처럼 끓이거나 튀겨 먹는다. 바나나는 날 것으로도 먹고 요리해서도 먹는데 어떻게 먹든 간에 이 지역에서 즐겨먹는 음식이다. 요리를 할 경우에는 끓이거나 튀기거나 구워먹을 수 있다. 특히 스페인어 사용권에서는 튀겨 먹는 바나나인 토스토네스(tostones)가 유명하다.

전형적인 카리브 요리들은 아프리카로부터 도입되었다고 할 수 있다. 오크라(okra) 혹은 굼보(gumbo, 채소처럼 먹는 것이 가능한 말로우계 콩), 악키(ackee, 스크램블과 유사한 과육과 같은 것으로서 채소로 먹을 수 있는 과일), 얌스(yams)와 까얄루(callaloo, 시금치와 비슷한 녹색의 잎이 있는 농작물) 등이 이에 포함된다. 까얄루는 또한 마늘과 허브, 매운 양념 등의 향을 가미하여 만든 진한 스프/스튜(타로토란과 말랑고와 같은 야채성분이 풍부한)를 지칭하기도 한다. 코코넛 우유는 자주 애용된다. 기아나에서 유래한 페퍼팟(pepper pot) 역시 전통 스튜의 하나로 육류와 생선, 야채 등을 함께 넣고 몇 시간 동안 끓인 것이다. 여기서 중요한 역할을 하는 성분이 카사바, 갈색 설탕 그리고 향료를 섞어 만든 시럽인 카사립(cassareep)으로서 방부제 역할을 한다. 이 페퍼팟은 매일 끓여만 주면 별도로 냉장 보존이 필요 없는 음식이다.

인도와 중국에서 건너온 계약 노동자들에 의해 들어온 카레, 향료 그리고 다른 많은 양념들은 쌀을 주원료로 함께 사용된다. 동인도인들은 로티스(rotis)도 가지고 들어왔는데, 이는 카레로 조리한 다진 고기와 감자를 채워 넣은 작은 밀가루 파이로서 콘월(Cornwall)식 파이라 할 수 있다. 실로 카리브의 요리는 미주와 유럽, 아프리카, 아시아 음식들을 한데 뒤섞은 혼합요리라 할 수 있다. 많은 요리들이 각종 양념과 카리브인 식탁에서 매일 볼 수 있는 핫소스 등과 같은 갖은 조미료로 조리된다. 한편 맥도널드와 KFC, 타코벨과 같은 미국식 패스트푸드 레스토랑이 쿠바를 제외한 모든 지역에 퍼져있다. 또한 길거리 행상들이 닭고기 육포나 엠파나다(empanadas)라 불리는 파이 등 특산 음식을 팔기도 한다.

대부분 지역에는 고유의 요리가 있다. 도미니카공화국에서는 산코초(sancocho)를 즐겨먹는데, 이는 밥과 아보카도와 함께 먹는 진한 스튜이다. 푸에르토리코에는 동물 내장으로 조리한 스튜로서 숙취 해소에 좋은 몬동가(mondongo)가 있다. 쿠바인들은 아히아코(ajiaco)를 잘 먹는데 이는 고기, 고구마, 바나나 그리고 고추를 넣은 것이다. 자메이카에서는 돼지고기와 닭으로 만든 육포도 인기가 있지만 대표적인 음식으로는 역시 간대구와 악키를 들 수 있다. 육포는 피멘토 나무로 만든 향신료(allspice)를 포함하여 갖은 조미료로 고기를 재워 바베큐 식으로 불에 구워 만든다. 대부분의 요리는 식초나 포도주에 향료를 넣은 양념에 특별히 재워진다. 자메이카에서는 카레로 양념한 염소고기나 다진 고기도 많이 먹는다. 프랑스령 앤틸리스에서는 염소고기 조리법이 발전하였다. 더블스(doubles)로 알려진 트리니다드의 패스트푸드 음식은 카레가 가미된 병아리콩으로 채워진 튀김 반죽으로서 망고 혹은 후추소스와 함께 먹는다. 바베이도스에서는 날치와 쿠쿠(cou cou, 서부 아프리카의 푸푸 foo foo에서 유래한 것으로 보이는 옥수수 가루와 오크라)가 제일 인기 있는 음식이다. 한편 소금절임한 대구튀김은 과들루프에서 널리 먹는다.

음식을 씻는 데에는 열대 과일주스를 포함한 음료수가 쓰이는데, 자메이카의 레드 스트라이프(Red Stripe), 트리니다드의 카리브, 케이맨 군도(Caymans)의 스팅그래이(stingray), 바하마의 칼리크(kalik), 바베이도스의 방크 등이 있다. 또한 전 카리브 지역에는 특유의 럼주가 있는데, 바베이도스의 마운트 개이(Mount Gay), 푸에르토리코의 바카르디(Bacardi), 자메이카의 마이어스(Myers) 등이 그것이다.

세계화 및 미국화의 조류로 인해 카리브 지역 특유의 문화적 자산이 사라질 수 있다는 우려가 있다. 하지만 자메이카 출신의 저명한 사회학자인 올란도 패터슨 하버드 대학 교수는 문화라는 것이 항상 상호작용을 하면서 모두를 풍요롭게 하는 속성을 가지고 있다고 말하면서 이러한 견해를 반박한다.[9] 실제로 카리브인들의 대량이주와 이동, 최신 통신기술과 여행 덕분에 음악, 춤, 문학, 예술, 음식 등에서 역동적인 문화 형식이 창조되고 있다. 그 결과 카리브와 대서양 주변 세계에서 창조정신은 앞으로도 지속될 것이다.

제8장

21세기의 문제점과 전망

1945년 제2차 세계대전 종전 이후 카리브 제도는 극적으로 변화하였다. 정치적으로는 저항적이던 식민지 체제로부터 다양한 정치체계의 발전이 이루어졌다. 독재로부터 민주주의, 사회주의, 공산주의 등 모든 체제가 시도되었다. 오늘날 민주주의가 뿌리를 내리지 못한 아이티와 공산주의 체제의 쿠바를 제외하고 자유민주주의는 이 지역의 정치체제로 자리 잡았다. 독립한 영어권 카리브의 섬나라에서는 영연방 탈퇴와 함께 영국 추밀원에 법적자문을 구하는 것까지 폐지하기 위해 헌법 개정을 고려하고 있다. 현재 트리니다드에는 카리브 지역 사법재판소가 설치된 상태이다.

프랑스와 네덜란드령 앤틸리스, 몇몇 영국령 제도, 푸에르토리코 등 아직 식민 종주국에 복속되어 있는 곳도 남아있기는 하지만 이곳들 역시 대부분 상당한 범위의 자치권을 누리고 있다. 미국은 이 지역의 패권을 쥐고 있고, 각종 원조를 제공하고, 시장을 개방하며 이주자들을 위한 정착지가 되고 있다. 각종 상품과 쇼핑몰, 핸드폰, 영화, 방송, 맥도널드에 이르기까지 미국의 영향은 사방에 펼쳐져 있다. 미국은 항시 직접적인 개입을 해왔으며, 정치는 물론 재정 및 경제부문에 대하여도 세계은행과 IMF를 통해 통제하여 왔다.

1898년 미서전쟁을 시작으로 미국은 1903년 파나마 운하를 장악하기 위해 콜롬비아로부터 분리를 원하는 파나마 사람들을 배후 지원하는 등 오랜 기간 카리브 지역에 대해 간섭해 왔다. (결국 1914년 카리브 해와 태평양이 연결되었다) 제1차 세계대전 동안 미국은 멕시코 연안의 카리브 지역에 위치한 베라크루스를 침공하였고 도미니카공화국(1916~1924)과 아이티(1915~1934)에도 개입하였다. 1917년에는 네덜란드령 카리브 제도를 구입하여 미국령 버진아일랜드로 귀속시켰다.

지난 50년간 미국은 도미니카공화국에 대한 군사개입(1965), 그레나다 침공(1983), 파나마 침공 및 대통령 체포(1989), 아이티 침공(1994) 등 지속적으로 카리브 지역에 대하여 간섭을 해왔다. 특히 미국은 1959년 이후 끊임없이 쿠바가 주변 카리브 국가들과의 경제적 결속을 다질 수 있는 무역 등의 행위에 제재를 가해왔다. 단적인 예가 2006년 3월 멕시코시티의 쉐라톤 호텔에서 쿠바 관리들과 미 석유업자들이 쿠바 유전의 개발을 논의하기 위해 만났을 때이다. 미국 재무부는 이 만남이 미국 법률에 저촉된다고 호텔에 통보하였고 호텔은 즉시 쿠바 대표단을 쫓아냈다. 멕시코시티 시장은 이러한 내정 간섭에 불쾌감을 표시했다.

카리브의 경제구조는 제2차 세계대전 이후 설탕과 바나나가 대부분인 농작물 수출에서 서비스업 위주로 눈에 띄게 변화하였다. 관광수익은 이들의 주된 외화 획득원이 되었다. 그러나 지속적으로 관광 산업을 발전시키기 위해서는 기반 시설의 확충 등 여건의 개선이 필요했다. 한편 대앤틸리스 제도와 트리니다드 등 몇몇 도서 국가들에는 산업시설 및 공장이 건설되었다. 현재 이들의 주된 경쟁국은 저임금의 아시아 국가들이다. 은행, 보험, 컴퓨터 정보화산업 등을 포함하는 해외서비스들이 경제구조의 다양화에 기여하고 있다.

쿠바를 제외한 대부분의 카리브 제도는 수출입과 관광수익에서 미국에 대한 의존도가 매우 높다. 대부분 국가들이 대미 무역적자를 기록하고 있고, 많은 나라들은 상당한 외채를 안고 있다. 미국은 여전히 쿠바에 대하여 금수조치를 취하고 있고 국제사회에서 고립시키기 위해 힘을 쏟고 있다. 그러나 쿠바는 자원과 인구를 통해 자연스럽게 카리브 경제 활동의 중심지가 되고 있다. 근간의 쿠바에 대한 미국의 정책은, 플로리다로 탈출하는 쿠바인들에 대한 제재가 완화된 것에서 볼 수 있듯, 카리브 개별 국가들과 쿠바간의 무역을 제한함으로써 카리브 전체 지역의 경제에 제재를 가하는 쪽으로 추진되고 있다. 쿠바에 가해진 경제 고립이 가져다준 하나의 득이 있다면 세계적인 호텔 체인과 미국의 이해와 연계되어 있는 부동산 개발업자들이 아바나를 벗어나 체재하고 있다는 점이다. 덕분에 세계문화유산으로 등록된 아바나는 많은 역사적 유적들을 온전히 보존할 수 있었다.

비록 거대한 만(gulfs)이 카리브 사회의 유산자와 무산자들을 분리시키려 하지만 대부분 사람들은 삶의 질이 크게 향상된 것을 몸소 경험했다. 평균 수명, 유아 사망률, 문맹률 등과 같은 사회지수가 1945년 이후 눈에 띄게 향상되었다. 각 정부(아이티를 제외한)들은 교육과 의료와 같은 인적자원의 투자에 힘을 쏟았고, 비록 빈곤층과 실업률이 증가되기는 하였지만 결과는 고무적이었다. 이제 넘쳐나는 노령인구의 관리가 향후 관심사로 떠오르고 있다.

인류사회가 발전을 지속할 경우 카리브 제도는 21세기 세계화의 바람 속에서 각종 도전에 직면할 것이다. 환경문제는 관광산업에 매우 중요하므로 이를 관리하고 보호해야 할 필요성이 있다. 환경오염은 해안 및 삼림에 영향을 미칠 것이다. 허리케인과 홍수와 같은 자연재해도 매년 일어날 것으로 예상된다. 화산폭발과 지진의 발생여부는 예측조차 쉽지 않다. 이 지역은 농업과 도시의 발달, 관광객 등으로 인한 공해로 환경파괴가 진행되고 있다. 허리케인으로 인한 피해, 홍수, 가뭄, 토양침식, 산호초 파괴, 벌목, 수질오염 등이 전 지역의 공통된 문제점으로 떠올랐다.

관광객들은 축복이자 폐해이다. 그들은 일자리와 수익을 가져다주지만 공해와 환경파괴 등을 가중시킨다. 유람선이 바다로 폐수를 흘

려보내 산호초와 물고기가 위기에 처해 있고, 호텔과 리조트와 같은 건축물로 인해 해변에 피해가 발생하고 경관도 해치고 있다. 육지 바다, 생물에 대한 보호는 물론 일자리와 수익 등의 경제적 이득도 취할 수 있는 균형 잡힌 환경감시정책이 필요하다. 지구 온난화와 이로 인한 해수면 상승 등은 주로 해안가에 도시가 밀집된 카리브 전역에 큰 영향을 줄 것으로 보인다.

오늘날 대부분의 카리브 정부와 단체들은 비록 예산 편성과 조직 구성이 충분하지 않지만 환경문제에 대하여 고민하기 시작했다. 많은 정부들이 생물의 다양성, 기후변화, 해양쓰레기, 오존층 등에 관한 국제협약에 가입하였고 지역 내 각종 국립공원에 600여 개의 특별보호구역이 지정되었다.[1)] 몇몇 비평가들은 최근의 보존 계획에 대해 논의하면서, 공원 및 보존 지역 지정, 친환경 관광지의 개발 그리고 도시환경의 보호 등을 주장하고 있다.[2)] 일각에서는 세계은행이나 UN 등과 같은 기구들과 카리브 지역의 정부, NGO, 지역공동체 등이 환경보존을 성공적으로 이끌기 위해 상호 협력할 것을 주장하고 있다.

환경문제가 초미의 관심사가 되고 있음에도 불구하고 카리브 사람들과 정치인들 사이에서 최고의 화두는 역시 경제이다. 카리브 경제가 과연 세계시장에서 경쟁할 수 있는가? 일자리는 얼마나 증가할 것인가? 투자유치와 기반시설의 구축은 지속적으로 가능할 것인가? 세계적인 거대 기업 및 국가들에 유리한 세계화 체제에서 과연 카리브의 소규모 경제체제가 경쟁할 수 있을 것인가?

세계화는 경제구조의 개혁을 요구하고 있다. 카리브인들은 여전히 주변부로 남아있을 것인가 혹은 몇몇 분야나 국가들은 경쟁에서 살아남아 세계화의 수혜자가 될 것인가? 일부 학자들은 주요 강대국과 전략 자원을 갖고 있는 나라만이 번영을 구가하는 반면, 카리브와 같은 지역의 경제 발전은 고전을 면치 못할 것이라고 보는 비관적 견해를 가지고 있다. 그러나 전 세계적 경쟁과 시장의 힘이 모두를 위한 이익을 창조할 것이라고 믿는 사람들도 있다.

노동력의 수입, 수출 시장을 위한 생산, 외세 간섭 등의 역사를 볼 때, 카리브는 이미 수백 년 전부터 세계화되었다는 주장도 일리가 있다. 그러나 카리브 제도는 엄격히 규제를 받는 유럽의 해외 부동산으로서 기존 시장의 부속물에 지나지 않았다. 정보화 시대에 맞이한 현대적 의미의 세계화란 새로운 의미를 지닌다. 그것은 통신 기술의 혁명을 내포한다. 카리브 지역이 지식기반 경제 체제에서 경쟁력을 가지려면 현대 기술력의 제고는 필수적인 것이다. 특히 대학을 비롯한 고등교육 차원에서 교육의 개선이 필요하다. 자메이카와 도미니카공화국, 아이티 등 몇몇 국가의 경우 성인 문맹률도 높고 상급학교 진학률도 상당히 낮은 편이다. 하지만 바베이도스의 경우 성인층의 문맹률이 유럽과 비교될 만큼 낮은 수준이다. 모든 국민이 초등학교와 중등학교 교육을 받을 수 있고, 점차 많은 비율의 인구가 서인도(West Indies) 대학의 캐이브 힐(Cave Hill) 캠퍼스, 커뮤니티(Community) 대학 혹은 폴리테크닉 대학에 진학하고 있다. 푸에르토리코는 비록 바베이도스와 쿠바에 비해 문맹률은 높은 편이지만 6만여 명의 학생이 재학 중인 산후안 근처의 푸에르토리코 대학교를 비롯하여 많은 대학교와 전문대학이 있다.

오늘날 카리브 경제는 관광을 주력 산업으로 하여 주로 서비스부문에 집중되어 있다. 농업은 유럽과 미국에 집중되던 무역량의 감소로 수확량과 종사인구 면에서 하향곡선을 그리고 있다. 하지만 이제는 관광 서비스 부문이 경제 체제를 주도할 것이다. 문제는 경쟁에서의 우위를 확보하는 것이다. 이제 관광산업은 호텔 리모델링과 가구 제조 등 여타 경제 부문과도 밀접한 관계를 맺고 있다. 카리브 제도에서 훨씬 더 많은 수의 식품이 재배되어 호텔과 식당에 공급될 것이다. 관광산업의 증대는 농업을 발달시켜 카리브인들과 관광객들을 위한 양질의 신선한 지역산물 개발 등 마케팅 체계의 발전을 도모하는 기회도 될 것이다.

카리브인들은 대내외적으로 개선되고 있는 통신과 교통의 혜택을 받을 것이다. 미국 항공사가 장악하다시피 한 항공 산업에서는 많은 수의 항공편이 마이애미를 경유하고 있어서 지역 내의 항공 여행은 매우 열악한 편이다. 예를 들어 자메이카에서 아이티로 갈 경우에도 마이애미를 거쳐야 하기 때문에 소요시간, 거리, 요금 등이 증가한다. 에어 자메이카, BWIA(British West Indies Airways), LIAT(The Caribbean Airline) 등의 몇몇 지역 항공이 있긴 하지만 거대한 미 항공사에 비해 재정적으로 상당히 취약하다.

카리브 내의 경제협력을 위한 기구는 존재하고 있지만 지역 내의 무역과 노동 및 자본의 이동 등에는 여전히 많은 방해물이 도사리고 있다. 카리브 단일시장에 대한 논의는 여전히 보류중이다. 기존의 카리브공동시장(CARICOM/ Caribbean Common Market and Community)이 더욱 공고화될 수도 있다. 트리니다드의 포트오브스페인에 본부를 둔 카리브국가연합(ACS/ Association of Caribbean States)은 활발하게 지역 간 협력을 추구하고 있다. ACS는 쿠바를 포함한 카리브 제도와 멕시코, 베네수엘라. 콜롬비아, 중앙아메리카 등의 인접 국가들로 구성되어 있다. 현재 ACS의 관심은 전 지역의 공통 사안인 무역, 교통, 관광 그리고 자연재해에 대한 공동 대처 등에 집중되어 있다. 카리브 지역은 이제 지역 간의 경쟁이 아닌 협력만이 지역 경제를 발전시키고 카리브인들의 삶의 질을 향상시킬 수 있다는 사실을 깨닫고 있다.

만일 아메리카자유무역지대(FTAA/ The Free Trade Area of the Americas)의 움직임이 활성화되면 카리브 국가들은 거대 시장에 맞서 보호와 지원이 필요할 것이다. EU의 경우가 그랬듯이, 소규모 경제권의 경제 발전을 돕기 위해 구조조정펀드(Structural adjustment funds)가 필요할 것이다.

한편 대부분의 카리브 제도에서 사회문제가 대두되고 있다. 마약과 돈세탁과 같은 불법행위가 다반사로 일어나고 있고, 남미에서 만들어진 코카인 및 헤로인의 유통산지가 되어가고 있다. 범죄는 국제화되었고, 실업, 마피아, 폭력 등이 주된 문제로 떠오르고 있다. 아이티를 비롯한 몇몇 제도에서는 에이즈 발병률이 증가하고 있다.

고향으로 외화를 송금하기 위한 해외로의 합법 및 불법 이주는 카리브인들의 생존전략으로써 앞으로도 계속될 것이다. 카리브 사람, 문화, 음악, 축제, 음식 그리고 가치관은 대서양을 떠돌면서 아메리카와 유럽 세계를 더욱 풍요롭게 하고 있다. 문화적 창조성, 접목성, 수용성 등은 카리브 사회를 더욱 강하게 할 것이다.

카리브 제도는 더 넓은 세계와 소통하기 위해 큰 장점을 지니고 있다. 세계화의 추세 속에서 카리브의 다양성은 소중한 자산이다. 히스패닉 카리브(대략 카리브 제도의 60% 가량이 스페인어 사용권이다)는 라틴아메리카 대륙이나 이베리아 반도와 친연성을 가지고 선린관계를 유지하고 있다. 도미니카공화국은 최근 중미 국가들에게 미국 내 시장 개척 및 투자의 기회를 부여하는 중미자유무역협정(CAFTA/ Central American Free Trade Agreement)에 가입하였다. 동시에 도미니카공화국은 서유럽으로부터 자본과 관광객을 적극적으로 유치하고 있으며, 아랍에미리트 공화국도 이곳의 항만시설에 투자하기 시작했다.

프랑스 및 네덜란드령 앤틸리스는 유럽 국가들과의 강력한 연계를 이용하면서 EU 회원국 자격을 유지하고 있다. 그들은 EU의 지원과 보조를 받을 자격이 있으며, 국민들은 유럽으로 합법적인 이주가 가능하다. 앵글로 카리브 국가들은 남아프리카, 캐나다. 나이지리아, 인도 등 다양한 문화적 배경을 가진 국가들과 함께 영연방(Commonwealth)에 속해 있다.

카리브의 국제관계는 스포츠 분야에서 두드러지는데, 2006년 쿠바, 도미니카공화국, 푸에르토리코 등의 히스패닉 카리브 제도가 베네수엘라와 멕시코 같은 남미 국가들을 비롯하여 한국, 일본, 미국 등과 함께 월드베이스볼클래식(WBC)에 참가하였다. 일본이 결승에서 쿠바를 물리쳤다. 2007년에는 앵글로 카리브 제도가 크리켓 월드컵을 개최하여 멀리 떨어져 있는 호주, 남아프리카 공화국 등도 참가하였다. 전 세계 언론과 방송이 이 대회를 주목하고 수천 명의 관광객들이 방문하였다. 이들 중 일부는 이 기회를 이용하여 프랑스, 스페인, 네덜란드령 제도도 방문하였다. 카리브 지역은 이렇게 중요한 국제 스포츠대회를 개최하면서 더욱 잘 알려질 것이며 대부분의 관광객들은 문화의 다양성 및 생동감이 넘치는 카리브 지역의 매력에 빠져들 것이다.

참고문헌

동시대 카리브 국가로의 항해

1) Gary S. Elbow, 'Regional Cooperation in the Caribbean: The Association of Caribbean States', Journal of Geography, 96(1996), pp. 13 - 22.

2) B.W. Blouet and O.M. Blouet, eds, Latin America and Caribbean: A Systematic and Regional Survey, 5th edn(New York, 2006).

제1장 지리적 배경과 환경

1) David Watts, The West Indies: Patterns of Development, Culture and Environmental Change since 1492(Cambridge, 1987).

2) 출처: www.joyousjam.com/jamaicahurricanehistory, 2006년 3월 12일자 웹 자료

3) J. Molinelli, 'Earthquake Vulnerability Study for the Metropolitan Area of San Juan, Puerto Rico', in D. Barker, ed., *Proceedings of a Meeting of Experts on Hazard Mapping in the Caribbean* (Mona, Jamaica, 1989), pp. 71 - 86에서 인용.

4) R.E.Robertson et al., 'Volcano Surveillance and Hazard Mitigation in the Eastern Caribben', *Caribbean Geography*, 8(1997), pp.1 - 17.

5) C. Bridenbaugh and R. Bridenbaugh, *No Peace Beyond the Line: the English in the Caribbean, 1624 - 1690* (New York,

1972).

6) M. Moreno Fraginals, *Between Slavery and Free Labor: the Spanish - Speaking Caribbean in the Nineteenth Century* (Baltimore, MD, 1985).

7) Bonham C. Richardson, *The Caribbean in the Wider World, 1492 - 1992* (Cambridge, 1992).

8) Robert B. Potter et al., *The Contemporary Caribbean* (Harlow, Essex, 2004).

9) Robert B. Potter et al.,ibid.

10) J. Diamond, *Collapse: How Societies Choose to Fail or Succeed* (New York, 2005).

11) J. Diamond,, ibid.

제2장 1945년 이전 역사

1) Bartolomé de Las Casas, The Devastation of the Indies: A Brief Account, trans. Herma Briffault(Baltimore,MD, 1992).

2) J. H. Parry and P. Sherlock with A. P. Maingot, *A Short History of the West Indies*, 4th edn(London, 1987).

3) Philip D. Curtin, *The Atlantic Slave Trade: A Census*(Madison, WI, 1969).

4) Eric Williams, *Capitalism and Slavery*(1944) (Chapel Hill, NC, 1994).

5) Robert West and J. P. Augelli, *Middle America: Its Lands and People*, 3rd edn(Englewood Cliffs. NJ, 1989).

6) Bonham C. Richardson, *The Caribbean in the Wider World, 1492 - 1992* (Cambridge, 1992).

[7] Selwyn Carrington, The Sugar Industry and The Abolition of the Slave Trade, 1775 - 1810 (Gainesville, FL, 2002).

[8] Bryan Edwards, *An Historical Survey of the French Colony in the Island of St Domingo* (London, 1797).

[9] David Brion Davis, 'Impact of the French and Haitian Revolutions', in David P. Geggus, ed., *The Impact of the Haitian Revolution in the Atlantic World* (Columbia, SC, 2001).

[10] Seymour Drescher, *Econocide: British Slavery in the Era of Abolition* (Pittsburgh, PA, 1977).

[11] Richardson, *The Caribbean in the Wider World*, and Louis A. Pérez, Jr, *Cuba: Between Reform and Revolution*, 3rd edn (New York and Oxford, 2006).

[12] Richardson, *The Caribbean in the Wider World*, p. 86.

[13] Thomas J. D'Agostino, 'Caribbean Politics', in Richard S. Hillman and Thomas J. D'Agostino, eds, *Understanding the Contemporary Caribbean* (Boulder, CO, 2003).

[14] Howard Johnson, 'The British Caribbean from Demobilization to Constitutional Decolonization', in Judith M. Brown and W. Roger Louis, The Oxford History of the British Empire: the Twentieth Century(Oxford, 1999).

[15] B. R. Mitchell, International Historical Statistics: The Americas, 1750 - 2000, 5th edn(London, 2003).

제3장 1945년 이후 카리브의 대외관계

[1] James Ferguson, *The Story of the Caribbean People* (Kingston, Jamaica, 1998).

[2] Louis A. Pérez, Jr, *Cuba: Between Reform and Revolution,* 3rd edn (New York and Oxford, 2006)

[3] J. H. Parry and P. Sherlock with A. P. Maingot, *A Short History of the West Indies,* 4th edn (London, 1987).

[4] Perez, *Cuba,* P. 252.

[5] Ferguson, *The Story of the Caribbean People.*

[6] Ibid

[7] W. Roger Louis, 'The Dissolution of the British Empire', in Judith M. Brown and W. Roger Louis, eds, *The Oxford of the British Empire: The Twentieth Century* (Oxford, 1999).

[8] Gary Elbow, 'The Caribbean: Why Do We Care?', paper presented at the Annual Meeting, National Council for Geographic Education, Birmingham, At, 15 October 2005.

제4장 제2차 세계대전 이후의 정치

[1] James Ferguson, *The Story of the Caribbean People.* (Kingston, Jamaica, 1998)

[2] Thomas J. D'Agostino, 'Caribbean Politics', in Richard S. Hillman and Thomas J. D'Agostino, eds, *Understanding the Contemporary Caribbean* (Boulder, co, 2003)

[3] Robert B. Potter et al., *The Contemporary Caribbean* (Harlow, Essex, 2004). chapter 12.

[4] Ibid., P. 461.

[5] B. Riddell, 'A Table of Contestation, Disciples and Damned: The Lessons of the Spread of Globalization into Trinidad and Tobago', *Environment and Planning*, 35 (2003), pp. 659 - 78.

제 5장 경제

[1] B. R. Mitchell, *International Historical Startistics: The Americas, 1750 - 2000*(New York, 2003)

[2] Robert West and J. P. Augellu, *Middle America: Its Lands and People*(Englewood Cliffs, NJ. 1966),P.189.

[3] Robert B. Potter et al., *The Contemporary Caribbean* (Harlow, Essex, 2004)

[4] Anthony P. Maingot, 'Rum, Revolution and Globalization: Past, Present and Future of a Caribbean Product', in Franklin w. Knight and Teresita Martinez - Vergne, eds, *Contemporary Caribbean Cultures and Societies in a Global Context* (Chapel Hill, NC, 2005). See also Frederick H. Smith, *Caribbean Rum: A Social and Economic History* (Gainesville, FL, 2005).

[5] www.wto.org.

[6] Ibid.

[7] www, iadb.org.

[8] H. Michael Erisman, 'International Relations,' in Richard S. Hillman and Thomas J. D'Agostino, eds, *Understanding the Contemporary Caribbean*(Boulder, co, 2003).

[9] Thomas Klak, 'Globalization, Neoliberalism and Economic Change in Central America and the Caribbean', in Robert Gwynne and C. Kay, eds, *Latin America Transformed: Globalization and Modernity,* 2nd edn (London, 2004).

[10] Potter et al., The Contemporary Caribbean, chapter 8.

6장 사람과 사회

[1] B.R. Mitchell, *International Historical Statistics: The Americas, 1750 - 2000* (New York, 2003).

[2] A. Downes, 'Economic Growth and Development in Barbados during the Twentieth Century', *Integration and Trade Journal*, 15(2001), pp.145 - 76.

[3] Robert B. Potter et al., *The Contemporary Caribbean* (Harlow, Essex, 2004), chapter 5.

[4] Ronald Ramkissoon, 'Explaining Differences in Economic Performance in Caribbean Economies' and 'Small Caribbean Economies: What Are We Doing Wrong?', www.cid.harvard.

[5] Marc Miles, Edwin Feulner and Mary O'Grady, 2005 Index of Economic Freedom, www.Heritage.org.

[6] Potter et al., *The Contemporary Caribbean*, chapter 7.

[7] David Baranov and Kevin A. Yelvington, 'Race, Class, and Nationality', in Richard S. Hillman and Thomas D'Agostino, eds, *Understanding the Contemporary Caribbean* (Boulder, co, 2003).

[8] Population Reference Bureau, *Population Data Sheet* (Washington, DC, 2005).

[9] Baranov and Yelvington, 'Race', in *Understanding the Contemporary Caribbean*, chapter 8.

[10] A. Lynn Bolles, 'Women and Development' in *Understanding the Contemporary Caribbean*, chapter 9.

[11] Janet Henshall Momsen, 'Women and Development in the Caribbean', in B.W.Blouet and O.M.Blouet, eds, *Latin America*

and the Caribbean: A Systematic and Regional Survey (New York, 2006).

7장 문화

1) Jorge L. Giovanetti, 'Jamaican Reggae and the Articulation of Social and Historical Consciousness in Musical Discourse', in Franklin W. Knight and Teresita Martínez-Vergne, eds, *Contemporary Caribbean Cultures and Societies in a Global Context*(Chapel Hill, NC, 2005)

2) For this section, see Kevin Meehan and Paul B. Miller, 'Literature and Popular Culture', in Richard S. Hillman and Thomas D'Agostino, eds, *Understanding the Contemporary Caribbean* (Boulder, co, 2003), chapter 11, and O. Nigel Bolland, *The Birth of Caribbean Civilisation: A Century of Ideas about Culture and Identity, Nation and Society* (Oxford and Kingston, Jamaica, 2004).

3) Maurice St Pierre, 'West Indian Cricket as Cultural Resistance', in Michael A. Malec, ed., *The Social Roles of Sport in Caribbean Societies*(Amsterdam, 1995).

4) Pelham Warner, *Long Innings: The Autobiography of Sir Pelham Warner*(London, 1951).

5) Christine Cummings, 'Ideologies of West Indian Cricket', in *The Social Roles of Sport in Caribbean Societies.*

6) Maurice St Pierre, 'West Indian Cricket as Cultural Resistance', in *The Social Roles of Sport in Caribbean Societies.*

7) Alan M. Klein, 'Headcase, Headstrong, and Head-of-the-Class:

Resocializing and Labeling in Dominican Baseball', in *The Social Roles of Sport in Caribbean Societies*.

[8] Frances Negrón-Muntaner, 'Showing Face: Boxing and Nation Building in Contemporary Puerto Rico', in *Contemporary Caribbean Cultures and Societies*.

[9] O. Nigel Bolland, *The Birth of Caribbean Civilisation*, entry on Orlando Patterson.

8장 21세기의 문제점과 전망

[1] Robert B. Potter et al., *The Contemporary Caribbean* (Harlow, Essex, 2004), p.40.

[2] Gregory Knapp, ed., *Latin America in the Twenty-First Century: Challenges and Solutions* (Austin, TX, 2002)

참고도표

참고도표 1: 국가별 식민지 지대

<table>
<tr><th>미국령</th><th>영국령</th></tr>
<tr><td>미국령 버진아일랜드(세인트토머스, 세인트크로이, 세인트존);
푸에르토리코(정치적)</td><td rowspan="3">자메이카(1962);
트리니다드토바고(1962);
바베이도스(1966); 바하마제도(1973);
그레나다(1974); 도미니카(1978);
세인트루시아(1979);
세인트빈센트(1979);
앤티가바부다(1981); 세인트키츠 - 네비스(1983); 앵귈라; 영국령 버진아일랜드; 케이맨제도;
몬트세라트; 터크스케이커스</td></tr>
<tr><th>스페인령</th></tr>
<tr><td>쿠바(1902); 도미니카공화국(1844);
푸에르토리코(역사, 문화적으로)</td></tr>
<tr><th>네덜란드령</th><th>프랑스령</th></tr>
<tr><td>아루바; 보네르; 큐라소;
사이바섬(Saba);
신트외스타시우스섬(St Eustatius), 일명 스타티아섬; 세인트마틴(남부)</td><td>아이티(1804);과들루프; 마르티니크;
세인트마틴(북부)</td></tr>
</table>

* 괄호안의 연도는 독립연도를 표시함

참고도표 2: 카리브 국가들: 인구, 면적, 수도(2005)

국가	인구 (2005)	인구밀도 (평방마일)	면적(마일)	도시화	수도
카리브	39	428	90,653	65	
앤티가바부다	0.1	471	170	37	세인트존스
바하마	0.3	60	5,359	89	나사우
바베이도스	0.3	1,554	166	50	브리짓타운
쿠바	11.3	263	42,803	76	아바나
도미니카연방	0.1	242	290	71	로조
도미니카공화국	8.9	471	18,815	64	산토도밍고
그레나다	0.1	769	131	39	세인트조지스
과들루프	0.4	681	660	100	바스테르
아이티	8.3	774	10,714	36	포르토프랭스
자메이카	2.7	628	4,243	52	킹스턴
마르티니크	0.4	935	425	95	포르드프랑스
네덜란드앤틸리스	0.2	605	309	69	빌렘스타트
푸에르토리코	3.9	1,132	3,456	94	산후안
세인트키츠 - 네비스	0.05	345	139	33	바스테르
세인트루시아	0.2	681	239	30	캐스트리스
세인트빈센트그레나딘	0.1	737	150	55	킹스턴
트리니다드토바고	1.3	659	1,980	74	포트오브스페인

출처: 인구통계국, 2005년 세계 인구자료 (워싱턴 2005)

참고도표 3: 카리브 국가들 인구현황

국가	인구 (2005)	출생률	사망률	인구 자연증가 (1년단위)	유아 사망률 (1000명당)
카리브	39	20	8	1.1	41
앤티가바부다	0.1	20	6	1.4	21
바하마	0.3	17	6	1.2	12.7
바베이도스	0.3	15	8	0.6	13.2
쿠바	11.3	11	7	0.4	5.8
도미니카연방	0.1	15	7	0.8	22.2
도미니카공화국	8.9	24	7	1.7	31
그레나다	0.1	19	7	1.2	17
과들루프	0.4	17	7	1.0	6.4
아이티	8.3	33	14	1.9	80
자메이카	2.7	19	6	1.3	24
마르티니크	0.4	14	8	0.7	8
네덜란드앤틸리스	0.2	15	8	0.8	9
푸에르토리코	3.9	14	7	1.7	9.8
세인트키츠-네비스	0.05	17	8	1.0	17
세인트루시아	0.2	16	6	1.0	14.2
세인트빈센트 그레나딘	0.1	18	7	1.1	18.1
트리니다드토바고	1.3	14	8	0.7	18.6

출처: 인구통계국, 2005년 세계 인구자료 (워싱턴 2005)

참고도표 4: 인간개발 지수

HDI 상위권	HDI 가치 (2002)	국가	출생시 평균수명 (2002)	성인문 해율 (2002)	1인당 GDP (2002)
1	0.956	노르웨이	78.9	99.0	36,600
4	0.943	캐나다	79.3	99.0	29,480
8	0.939	미국	77.0	99.0	35,750
29	0.888	바베이도스	77.1	99.7	15,290
39	0.844	세인트 키츠-네비스	70.0	97.8	12,420
51	0.815	바하마	67.1	95.5	17,280
52	0.809	쿠바	76.7	96.9	5,259
53	0.802	멕시코	73.3	90.5	8,970
54	0.801	트리니다드 토바고	71.4	98.5	9,430
55	0.800	앤티가바부다	73.9	85.8	10,920
HDI 중위권					
71	0.777	세인트루시아	72.4	94.8	5,300
79	0.764	자메이카	75.6	87.6	3,980
87	0.751	세인트빈센트 그레나딘	74.0	83.1	5,460
93	0.745	그레나다	65.3	94.4	7,280
95	0.743	도미니카연방	73.1	76.4	5,640
98	0.738	도미니카 공화국	66.7	84.4	6,640
HDI 하위권					
153	0.463	아이티	49.4	51.9	1,610
177	0.273	시에라리온	34.3	36.0	520
인간개발지수 무효한 지역			출생시 평균수명 (2004)	성인문 해율 (2004)	1인당GDP (2004)
아루바			79.14	97.0	28,000
네덜란드 앤틸리스			75.83	96.7	11,400
케이맨제도			79.95	98.0	32,000
마르티니크			79.04	97.7	14,400
푸에르토리코			77.62	94.1	17,700

출처: 인간개발지수보고서(2004), 미국중앙정보국

추가 참고문헌

일반 문헌

Arnold, James, *A History of Literature in the Caribbean*, 3 vols (Amsterdam and Philadelphia, PA, 1994-2001)

Arnold, Peter, *The Illustrated Encyclopedia of World Cricker* (New York, 1986)

Balderston, Daniel, Mike Gonzalez and Ana M. Lopez, eds, *Encyclopedia of contemporary Latin American and Caribbean Cultures*, 3 vols (London, 2000)

_____, *Encyclopedia of Latin American and Caribbean Literature, 1900-2003* (London, 2004)

Davidson, Alan, *The Oxford Companion to Food* (Oxford, 1999)

Mitchell, B.R, *International Historical Statistics: The Americas, 1750-2000*, 5th edn (London, 2003)

Population Reference Bureau, *Population Data Sheet* (Washington, DC, 2005 and 2006)

Shaw, Lisa, and Stephanie Dennison, eds, *Pop Culture in Latin America: Media, Arts and Lifestyles* (Santa Barbara, CA, Denver, CO, and Oxford, 2005)

Statesman's Year-Book (London, 1864-)

West-Duran, Alan, ed, *African Caribbeans: A Reference Guide* (Westport, CT, 2003)

관련 전문 문헌

Alleyne, Mervyn, C, *The Construction and Representation of Race and Ethnicity in the Caribbean World* (Kingston, Jamaica 2002)

Barrow, Christine, and Rhoda Reddock, eds, *Caribbean Sociology: Introductory Readings* (Kingston, Jamaica, 2002)

Barrow-Giles, Cynthia, *Introduction to Caribbean Politics: Text and Readings* (Kingston, Jamaica, 2002)

Beckles, Hilary McD., *A History of Barbados: Form Amerindian Settlement to Nation-State*(Cambridge, 1990)

_____, and Verene Shepherd, *Caribbean Freedom: Economy and Society from Emancipation to the Present* (Princeton, NJ, 1996)

Blouet, Brian W, and Olwyn M. Blouet, eds, *Latin America and the Caribbean: A Systematic and Regional Survey*, 5th edn (New York, 2006)

Bolland, Nigel O., *The Birth of Caribbean Civilisation: A Century of Ideas about Culture and Identity, Nation and Society* (Kingston, Jamaica, 2004)

Brereton, Bridqet, *A History of Modearn Trinidad, 1783-1962* (Kingston, Jamaica, 1981)

Bridenbaugh, C., and R, Bridenbaugh, *No Peace Beyond the Line: The English in the Caribbean, 1624-1690* (New York, 1972)

Brown, Judith M., and W. Roger Louis, eds, *The Oxford History of the British Empire: The Twentieth Century* (Oxford, 1999)

Carrington, Selwyn, *The Sugar Industry and the Abolition of the Slave Trade, 1775-1810* (Gainesville, FL, 2002)

Chamberlain, Mary, ed., *Caribbean Migration: Globalized Identities*

(London, 1998)

Clarke, Colin, D. Ley and C. Peach, eds, *Geography and Ethnic Pluralism* (London, 1984)

Conway, Dennis, 'Where is the Environment in Caribbean Development Theory and Praxis?', *Global Development Studies, III* (2002-3), pp.91-130.

Curtin, Philip, *The Atlantic Slave Trade: A Census* (Madison, WI. 1969)

Desch, Michael C., Jorge I. Dominquez and Andres Serbin, eds, *From Pirates to Drug Lords: The Post-Cold War Caribbean Security Environment* (Albany, NY, 1998)

Dhondy, Farrukh, *C. L. R James: A Life* (New York, 2001)

Diamond, Jared, Collapse: *How Societies Choose to Fail or Succeed* (New York, 2005)

Downes, A, 'Economic Growth and Development in Barbados during the Twentieth Century', *Integration and Trade Journal,* 15 (2001), pp.145-76

Drescher, Seymour, *Econocide: British Slavery and the Era of Abolition* (Pittsburgh, PA, 1977)

Drescher, Seymour, and S. Engerman, eds, *A Historical Guide to World Slavery* (Oxford, 1998)

ECLAC (Economic Commission for Latin America and the Caribbean), *Economic Survey of the Caribbean*, 2003-2004, September 2004

Elbow, Gary, 'Regional Cooperation in the Caribbean: The Association of Caribbean States', *Journal of Geography*, 96(1996),pp.13-22

Elliott, J. H., *Empires of the Atlantic World: Britain and Spain in*

America, 1492-1830 (New Haven, CT, and London, 2006)

Eltis, David, *The Rise of African Slavery in the Americas* (Cambridge and New York, 2000)

Ferguson, James, *The Story of the Caribbean People* (Kingston, Jamaica, 1999)

Geggus, David P., *The Impact of the Haitian Revolution in the Atlantic World* (Columbia, sc, 2001)

Gwynne, R. N., and C. kay, eds, *Latin America Transformed: Globalization and Modernity*, 2nd edn (London, 2004)

Hatchwell, E., and S. Calder, *Cuba: A Guide to the People, Politics and Culture* (New York, 1999)

Heuman, Gad, *The Caribbean: Brief Histories* (Oxford, 2006)

_____, and James Walvin, eds, *The Slavery Reader* (London, 2003)

Hey Jeanne A. K., *Small States in World Politics: Explaining Foreign Policy Behavior* (Boulder, co, 2003)

Higman, Barry W., *Writing West Indian Histories* (London, 1999)

Hillman R. S, and T. J. D'Agostino, eds, *Understanding the Contemporary Caribbean* (Boulder, co, and London, 2003)

Hoefte, Rosemarijn, *Connecting Cultures: The Netherlands in Five Centuries of Transatlantic Exchange* (Amsterdam, 1994)

Howard D., *The Dominican Republic: A Guide to the People, Politics and Culture* (New York, 1999)

Human Development Report: Cultural Liberty in Today's Diverse World (New York, 2004)

Klak. Thomas, ed., *Globalization and Neoliberalism*: The Caribbean Context (Lanham, MD, 1998)

Knapp, Gregory, *Latin America in the Twenty-First Century: Challenges and Solutions* (Austin, TX, 2002)

Knight, Franklin W., *The Caribbean: The Genesis of a Fragmented Nationalism*, 2nd edn (New York, 1990)

_____, and Teresita Martínez-Vergne, *Contemporary Caribbean Cultures and Societies in a Global Context* (Chapel Hill, NC, 2005)

_____, and C. Palmer, eds, *The Modern Caribbean* (Chapel Hill, NC, 1989)

Las Casas, Bartolomé de, *The Devastation of the Indies: A Brief Account*, trans. Herma Briffault (Baltimore, MD, and London, 1992)

Lowenthal, David, *West Indian Societies* (New York, 1972)

Maingot, A.P., and W.Lozano, *The Unitied States and the Caribbean* (New York, 2005)

Malec, Michael A., ed., *The Social Roles of Sport in Caribbean Societies* (Amsterdam, 1995)

Manley, Michael, with Donna Symmonds, *A History of West Indies Cricket* (London, 2002)

McIntosh, Simeon C. R., *Caribbean Constitutional Reform: Rethinking the West Indian Polity* (Kingston, Jamaica, 2002)

Meinig, D. W., *The Shaping of America: A Geographical Perspective on 500 Years of History*, 3 vols (New Haven, CT, 1986)

Miles, Marc, Edwin Feuler and Mary O'Grady, *2005 Index of Economic Freedom*, www. Heritage.org.

Mintz, Sidney W., *Sweetness and Power: The Place of Sugar in World History* (New York, 1986)

Molinelli, J., 'Earthquake Vulnerability Study for the Metropolitan Area of San Juan, Puerto Rico' in D. Barker, ed, *Proceedings of a Meeting of Experts on Hazard Mapping in the Caribbean* (Mona, Jamaica, 1989),pp.71-86

Momsen, Janet Henshall, *Gender and Development* (London, 2004)

Moreno Fraginals, M., *Between Slavery and Free Labor: The Spanish -Speaking Caribbean in the Nineteenth Century* (Baltimore, MD, 1985)

Pantin, Denis, *The Caribbean Economy: A Reader* (Kingston, Jamaica, 2005)

Parry, J. H., and P.Sherlock with A. P.Maingot, *A Short History of the West Indies,* 4th edn (London, 1987)

Patterson, Orlando, *Slavery and Social Death: A Comparative Study* (Cambridge, MA, 1982)

Pattulo, Polly, Last Resorts: *The Cost of Tourism in the Caribbean* (Kingston, Jamaica, 1996)

Pérez, Louis A, Jr, Cuba: *Between Reform and Revolution*, 3rd edn (Oxford, 2006)

Pons, Frank Moya, *The Dominican Republic: A National History* (Princeton, NJ, 2005)

Population Reference Bureau, *2005 World Population Data Sheet* (Washington, DC, 2005)

Porter, Andrew, *The Oxford History of the British Empire: The Nineteenth Century* (Oxford, 1999)

Potter, Robert, et al., *The Contemporary Caribbean* (Upper Saddle River, NJ, 2004)

Ramkissoon, 'Explaining Differences in Economic Performance in Caribbean Economies', www.cid.harvard.edu.

_____, 'Small Caribbean Economies: What Are We Doing Wrong?', www.cid.harvard.edu.

Ramsaran, R., ed., *Caribbean Survival and the Global Challenge* (Kingston, Jamaica, 2002)

Richardson, Bonham, *The Caribbean in the wider world* (Cambridge, 1992)

Riddell, B., 'A Table of Contestation, Disciples and Demands: The Lessons of the Spread of Globalization into Trinidad and Tobago', *Environment and Planning*, 35 (2003),pp.659-78.

Robertson, R. E. et al., 'Volcano Surveillance and Hazard Mitigation in the Eastern Caribbean', *Caribbean Geography*, 8 (1997), pp.1-17.

Rogozinski. Jan, *A Brief History of the Caribbean: From the Arawak and Carib to the Present* (New York, 1999)

Shepherd, Verene, ed., *Slavery without Sugar: Diversity in Caribbean Economy and Society since the Seventeenth Century* (Gainesville, FL, 2002)

Sherlock, Philip, and Hazel Bennett, *The Story of the Jamaican People* (Kingston, Jamaica, 1998)

Skelton, T., ed., *Introduction to the Pan-Caribbean* (New York, 2004)

smith, Frederick, *Caribbean Rum: A Social and Economic History*

(Gainesville, FL, 2005)

Stock, Ann-Marie, ed., *Framing Latin American Cinema: Contemporary Critical Perspectives* (Minneapolis, MN, 1997)

Thornton, John, *Africa and Africans in the Making of the Atlantic World* (Cambridge and New York, 1998)

UNESCO *General History of the Caribbean*, 6 vols (London, 1997-9)

Walvin, James, *Atlas of Slavery* (New York, 2006)

Warner, Pelham, *Long Innings: The Autobiography of Sir Pelham Warner* (London, 1951)

Watts, David, *The West Indies: Patterns of Development, Culture and Environmental Change since 1492* (Cambridge, 1987)

West, R., and J. P. Augelli, *Middle America: Its Lands and Peoples* (1966), 3rd edn (Englewood Cliffs, NJ, 1989)

Williams, Eric, *Capitalism and Slavery* (1944)(Chapel Hill, NC, 1994)

World Development Report 2004: Marking Services Work for Poor People(Oxford, 2003)

www.joyousjam.com/jamaicahurricanehistory

저자의 감사의 말

저자는 이 책의 완성과 더불어 수많은 학자들과 연구자 그리고 동료들에게 도움을 받았다. 서인도제도를 연구하는 많은 학자들 중에, 우드빌 마샬(Woodville Marshall)과 그리고 지금은 키이스 경(Sir Keith)이 된 서인도 케이브 힐(West Indies Cave Hill Campus) 캠퍼스에 있는 키이스 헌트(Keith Hunte)에게 고마움을 전한다. 바베이도스 문서 보관소에 있는 미쉘 샹드레어(Michael Chandler)와 미스 매튜(Miss Matthews)의 도움에도 감사함을 전한다.

바베이도스 박물관과 역사 사회 협회의 알리산드라 쿠민(Alissandra Cummins)과 칼 왓슨(Karl Watson)의 지속적인 도움은 큰 도움이 되었다. 1988년 서인도제도 대학(UWI)의 트리니다드 캠퍼스에서 개최된 노예제 폐지 150주년 기념행사에 참가한 저자는 수많은 학자들과 카리브 지역에 대한 다양한 아이디어를 교환한 적이 있다. 브리겟 브레레톤(Bridget Brereton), 셀윈 카링톤(Selwyn Carrington), 칼 캠벨(Carl Campbell) 그리고 카리브 지역에서 보면 외부 학자들인 세이모우 드레스췌(Seymour Drescher), 웰리엄 그린(William Green) 그리고 마리 터너(Mary Turner), 등과의 만남은 이 책에 많은 아이디어를 보태는데 커다란 도움이 되었다. 저자에게 많은 지식의 장을 열어 준 쉐필드 대학(the University of Sheffield)과 네브라스카 대학(the University of Nebraska), 특히 네브라스카 대학에서 열정적인 조언자로 창조적 사고와 교육자적인 정신을 언제나 강변하며 카리브 지역으로 이끌어 준, 그래서 이 책의 탄생에서 커다란 동기 부여를 해 준

레슬리 둘리(Lesley Clement Duly)에게 특별한 감사를 전한다. 저자는 카리브 지역의 노예 역사에 대해서는 제임스 로우리(James Rawley)에게 그리고 식민 정부들에 대해서는 잭 소신(Jack Sosin)으로부터 많은 것들을 배웠다. 별도로 저자는 스포츠 역사 과목에서 유명한 테니스 선수(남녀 혼합복식)인 벤 라더(Ben Rader)를 지원했고, 독특하게 프랑스 시각으로 카리브를 연구한 패트리세 버저(Patrice Berger)의 연구를 도왔다.

이외에도 고마움을 전해야 할 많은 동료들이 있다. 먼저 텍사스 에이 엔드 엠(Texas A & M University)에 있는 베티(Betty Unterberger), 퀸시(Quincy Adams), 데인(Dane Kennedy)에게, 그리고 수많은 지적 자극을 주었던 버지니아에 있는 윌리엄 엔드 메리 컬리지(the College of William & Mary)의 동료들, 밥(Bob Gross), 주디(Judy Ewell), 신디(Cindy Hahamovitch), 앤 마리(Ann - Marie Stock), 프레드리카(Fredrika Teute), 크리스(Kris Lane), 데일(Dale Hoak), 존(John Selby) 그리고 짐(Jim McCord)에게 심심한 감사의 인사를 전한다. 인류를 위한 국가 기금(NEH; National Endowment for the Humanities)의 지원으로, 각각 샤로트빌(Charlottesville), 웨리엄스버그(Williamsburg) 그리고 메디슨(Madison)에서 열린 세 번의 여름 세미나의 주최자들인 조(Joe Miller), 밥(Bob Gross), 피터(Peter Onuf) 그리고 프란시스코(Francisco Scarano)에게 특별한 고마움을 전하며, 모든 참가자들과 함께 한 귀중한 세미나를 오랫동안 잊지 않고 기억할 것이다. 특별하게 옥스퍼드의 세인트 앤소니 컬리지에서 개최된 인종과 에스닉 연구 세미나(Racial and Ethnic Studies Seminar)에 초청을 해줘 저자의 연구 경험을 더욱 풍부하게 만들어 준 케네스(Kenneth Kirkwood) 교수에게 마음으로부터 감사를 전한다. 버지니아 주립 대학(Virginia State University)으로부터 저자는 이 책 '동시대 카리브'를 끝내고 연구를 종료할 때까지 또한 많은 지원과 격려를 받았다. 학장인 웰돈(Weldon Hill), 교무처장인 에릭(Eric Thomas) 그리고 총장인 주니어 에디(Eddie N. Moore Jr)에게 많은 은혜를 입었다. 역사 철학과 학과장인 조(Joe Goldenberg)는 연구 내내 언제나 지도와 격려를 아끼지 않았으며, 그의 제자인 아더(Arthur Abraham)는 저자의 카리브 연구에서 서아프리카에 대한 이해의 안목을 넓혀주었다. 이외에 다른 동료들인 레네(Renée Hill), 딕(Dirk Philipsen), 쉘리아(Shelia Lassiter), 웨슬리(Wesley Hogan), 마지드(Majid Amini), 폴(Paul Alkebulan), 크리스티나(Christina Proenza - Coles), 리차드(Richard Chew), 힐데(Hilde Rissel), 칼(Carl Garrott) 그리고 콘수엘로(Consuelo Navarro)는 언제나 옆에서 용기와 격려를 아끼지 않았던 훌륭한 동료들이다. 모두에게 감사한다. 사라(Sarah Bundy)는 책 출판에 있어 귀중한 기술적인 도움을 주었다.

마지막으로 이 프로젝트가 진행되는 동안에 귀중한 시간과 지식, 그리고 모든 에너지와 열정을 할애해 준 남편 브라이언(Brian W. Blouet)에게 특별한 애정과 감사를 표한다.

저작권에 대한 감사의 글

이 책에 기록된 지도들은 브라이언(Brian W. Blouet)과 올윈(Olwyn M. Blouet)의 '중남미와 카리브: 체계적인 지역 개관(Latin America and Caribbean: A Systematic and Regional Survey, 2006)'의 출판사인 John Wiley & Sons의 허가를 얻어 다시 인용되었음을 밝힙니다.

찾아보기

【ㄱ】
가베이 62
가필드 소버스(Garfield Sobers) 157
구조조정펀드(Structural adjustment funds) 172
국제통화기금(IMF) 116
기예르모 카브레라 인판테 (Guillermo Cabrera Infante) 151
까얄루(callaloo) 163

【ㄴ】
나폴레옹 51
나폴레옹 전쟁 90
네이폴 147
노예무역 107
노예해방 15, 110
녹색 야수들 95
뉴올리언즈 142

【ㄷ】
다문화 162
단손(danzon) 144
대앤틸리스 10
데렉 월콧 147
도미니칸욕(dominicanyork) 133
도시화 128
뒤발리에 부자 59

【ㄹ】
라스 카사스(Las Casas) 36
라스타파리아니즘(Rastafarianism) 143
라스타파리언(rastafarians) 17
랩(rap) 145
럼주 113
레게(reggae) 143
로버트 제임스 146
로사리오 페레(Rosario Ferré) 152

루이스 무뇨스 마린(Luis Muñoz Marín) 150
루즈벨트 57
룸바 143
리슐리외 42

【ㅁ】
마낄라도라 116
마디 그라스 142
마룬 46
마른 발(Dry Foot) 68
마리스 콘데(Maryse Condé) 150
말콤 엑스 69
맹그로브(mangrove) 28
먼로 독트린(Monroe Doctrine) 55
메를 홋지(Merle Hodge) 148
멘데스 146
모국 안보(homeland security) 133
모이네 위원회(Moyne Commission) 64
몽구스 갱 77
무솔리니 61
미주기구(OAS) 70
미주자유무역지대(FTAA) 123
민주주의 166

【ㅂ】
바카르디 113
바티스타 59, 70
배럴 칠드런(barrel children) 133
백인화 135
베이비 독 99
베케스(békés) 135
보건 시스템 137
보트피플 100
복싱 160
복음주의자(evangelicals) 53
부자병 138
북대서양조약기구(NATO) 69
브라이언 에드워드 49
블랙 자코뱅(Black Jacobins) 146
블랙파워 93
비시(Vichy) 임시정부 85

【ㅅ】
사피르 - 심슨 스케일 (Saffir - Simpson Scale) 19
산 마르틴 52
산디니스타 77
산코초(sancocho) 164

산테리아(santería) 153
산호섬들 28
살사(salsa) 144
새미 소사 160
생물의 다양성 169
생태 관광(Eco - tourism) 117
서인도 제도(the West Indies) 10
설탕쿼터 108
세계기상기구(WMO) 21
세계무역기구(WTO) 108
세계은행 104
소까(soca) 144
소앤틸리스 10
송금 121
수입대체산업화(ISI) 115
스카 143
스테판 알렉시스 149
습지대(wetlands) 28
시몬 볼리바르 52
식량 배급표(food stamps) 103
식민화 14
신자유주의 116
심프슨 밀러 140
쏜(son) 144

【ㅇ】

아라와크족 36
아바나 협정(the Act of Havana) 65
아이젠하워 84
아즈텍 39
악키(ackee) 163
알레호 카르펜티에르 (Alejo Carpentier) 151
앙골라해방 인민운동(MPLA) 76
야구 158
얌스(yams) 163
에너지 134
에르나 브로드버(Erna Brodber) 148
에르난 코르테스(Hernán Cortés) 39
에르네스토 체게바라 72
에메 세자르(Aimé Césaire) 150
에어 자메이카 171
에탄올 114
영성침례교 152
영연방 79, 92
오순절운동(Pentacostalism) 153
오크라(okra) 163

오프쇼어 금융업 85
온실가스 31
왕위계승전쟁 46
우나 마르손(Una Marson) 147
원자재 83
월드베이스볼클래식(WBC) 160
웨스트인디대학교 (The University College of the West Indies) 147
유아사망률 137
율리스시 그랜트(Ulysses S. Grant) 55
음식문화 162
이주 130
인간개발지수(HDI) 98, 126
인디언 전쟁 47
인디오 정책 36
잃어버린 10년 96

【ㅈ】

자치주(Commonwealth) 103
장 프리스 마르스(Jean Price - Mars) 149
젖은 발(Wet foot) 68
제2차 세계대전 131
제니퍼 로페스 69
제임스 포크(James Polk) 55
젱킨스의 귀전쟁 46
조지 래밍(George Lamming) 148
존 F. 케네디 74
존코누(Jonkonu) 142
종속이론 115
좋은 이웃 정책(good neighbor policy) 59
주크(zouk) 144
중미자유무역협정(CAFTA/Central American Free Trade Agreement) 172
중상주의 113
중앙 비즈니스 지역(CDB) 130
지구 온난화 31
지구 정상 회의(the Earth Summit) 30
지속 가능한 발전 30
진 라이(Jean Rhys) 148
진보를 위한 동맹 75

【ㅊ】

처트니(chutney) 145
초청 산업화(Industrialization by Invitation) 97

축구 161

【ㅋ】

카니발(carnival) 17
카리브 개발 은행(Caribbean Development Bank; CDB) 20
카리브 긴급 재난 구호 에이전시(the Caribbean Disaster Emergency Response Agency; CDERA) 25
카리브 자유무역지대(CARIFTA) 93
카리브국가연합(ACS/ Association of Caribbean States) 171
카리브예술운동(Caribbean Artists Movements) 146
카리브원조계획(CBI) 78
카마우 브래드웨이트(Kamau Brathwaite) 148
칼립소 섬머 157
칼립소(calypso) 17
콜럼버스 35, 163
콜럼버스 교환(Columbian Exchange) 40
콜린 파월 134
크레욜(Kréyol) 135
크레올리테(Crolité) 150
크롭 오버(crop - over) 142
크리스티나 가르시아 152
크리올(Creole) 45
크리켓 월드컵 83
키릴 필립스(Caryl Phillips) 148
킨케이드(Kinkaid) 148

【ㅌ】

토마스 구티에레스 알레아(Tomás Gutiérrez Alea) 151
토스토네스(tostones) 163
통문화 151
투생 루베르튀르 49

【ㅍ】

파나마 머니(Panama Money) 58
파나마 운하(Panama Canal) 57, 166
파리 조약(Treaty of Paris) 48
파파 독 99
판자촌 129
페드로 후안 소토(Pedro Juan Soto) 152
페르난도 오르티스(Fernando Ortiz)

150
페퍼팟(pepper pot) 163
플랜테이션 농업 10
플랫수정안(Platt Amendment) 56
피델 카스트로(Fidel Castro) 14, 72

【ㅎ】
하나님의 성회(The Assemblies of God) 154
해외주(Overseas department) 85
해일(쓰나미; tsunami) 18
호세 레사마 리마(José Lezama Lima) 151
환금 작물(cash crop) 16
힙합(hip - hop) 145

【기타】
9.11 테러 119
BWIA(British West Indies Airways) 171
CARICOM(카리브 공동시장) 122
EU 89
IMF 104
IT 120
LIAT(The Caribbean Airline) 171
NAFTA(북미자유무역협정) 123
NGO 169
Operation Bootstrap 114
SAPs 97

The Contemporary Caribbean: History, Life and Culture since 1945 by
Olwyn M. Blouet was first published by Reaktion Books, London, UK, 2007

현대 카리브의 삶과 문화

초판 인쇄 2008년 3월 10일
초판 발행 2008년 3월 20일
지은이 Olwyn M. Blouet
옮긴이 신정환·문남권·하상섭
펴낸이 박 철
펴낸곳 한국외국어대학교 출판부
130-791 서울특별시 동대문구 이문동 270
전화: 02)2173-2494, 2495
팩스: 02)2173-3363
홈페이지: http://press.hufs.ac.kr
전자우편: press@hufs.ac.kr
출판등록: 제6-6호(1969. 4. 30)
편집 한국외국어대학교 출판부 02)2173-2495, 2496
표지디자인 (주)이환 D&B 02)2254-4301
인쇄제본 동화인쇄공사(주) 02)719-7181

ISBN 978-89-7464-485-7 03950 정가 10,000원
* 잘못된 책은 교환하여 드립니다.

<한국외국어대학교 중남미연구소 라틴아메리카 총서 I>